Astrid Kopp-Duller, Livia R. Pailer-Duller

Legasthenie im Erwachsenenalter

Praktische Hilfe bei Schreib- und Leseproblemen

Dr. Astrid Kopp-Duller, Mag. Livia R. Pailer-Duller

© Dyslexia Research Center AG, KLL-Verlag
Originalausgabe: Juni 2003
2. überarbeitete Auflage: April 2009
KLL-Verlag, Feldmarschall Conrad Platz 7, A-9020 Klagenfurt
office@legasthenie.com, http://www.legasthenie.com
ISBN 978-3-902657-05-3

Herstellung: KLL-Verlag
Layout und Gestaltung: Mag. Livia R. Pailer-Duller, Mario Engel
Druck und Verarbeitung: Druckerei Berger, Horn

Inhaltsverzeichnis

Vorwort

Vorwort zur 1. Auflage

„Legasthenie wächst sich aus", diese Weisheit, die gar keine ist, an die man sich lange zu klammern versuchte, hat wohl endlich ausgedient. Leider waren dies stets nur Wunschvorstellungen von Betroffenen oder deren Eltern, hervorgerufen durch die Äußerungen von Wissenschaftlern, die aber einem Irrtum unterlagen. Da man ab der zehnten Schulstufe in den Schulen so gut wie keine Schüler mehr finden konnte, die Schreib- oder Leseprobleme hatten, glaubte man, dass sich die Problematik einfach von selbst, mit der Pubertät, in Wohlgefallen auflöst. Tatsächlich waren eben in den höheren Schulen legasthene Menschen kaum mehr zu finden, da sie diese einfach wegen der Probleme nach Beendigung der Schulpflicht verlassen hatten.
Tatsache ist, dass die Legasthenie eine im Menschen schon bei der Geburt vorhandene Gegebenheit ist, die sich zu einer großen Problematik entwickeln kann, wenn der legasthene Mensch nicht schon in den ersten Jahren seiner Schulzeit massive individuelle, auf seine Probleme abgezielte Hilfe erhält. Eines steht fest, jeder legasthene Mensch kann das Schreiben und Lesen erlernen, es ist lediglich eine Frage der richtigen Didaktik, der geeigneten Vermittlung, ferner spielt der Zeitfaktor eine entscheidende Rolle.
Nun gibt es zahlreiche Menschen, bei denen nie eine Legasthenie festgestellt worden ist, diese jedoch dennoch vorhanden ist. Sie haben sich halt so durch die Schulzeit gekämpft. Stets zwar mit dem Bewusstsein, nicht so gut schreiben und lesen zu können wie ihre Mitschüler. Mehr oder weniger frustriert haben sie diese auch beendet.

Zumeist konnten sie Berufe, die ihren Wünschen entsprochen hätten, nicht erlernen, da ihnen die notwendige Schulbildung fehlte. Nicht selten sind so wertvolle Mitglieder der Gesellschaft von vielleicht besonderen Tätigkeiten ausgeschlossen worden.
Nach neuesten Schätzungen der UNESCO gibt es heutzutage etwa eine Milliarde erwachsene Analphabeten auf der Welt. Es gibt hier eine unterschiedliche Klassifikation. So definiert die UNESCO einerseits „Primäranalphabeten" als Menschen, die zum größten Teil in der Dritten Welt leben und nie die Möglichkeit erhalten, lesen und schreiben zu lernen. Andererseits weiß man, dass „Sekundäranalphabeten" zumeist in den Industrieländern anzutreffen sind. Es sind Menschen, die in der Regel eine Schule besucht haben. In Österreich und Deutschland für gewöhnlich zehn Jahre, dennoch können sie aber nicht oder nur unzureichend lesen und schreiben. Während in den USA, Kanada, Großbritannien und Italien nach letzten Erhebungen zwischen fünf und zehn Prozent der Bevölkerung der Gruppe der Analphabeten zugeordnet werden, gibt es in Österreich und Deutschland keine gesicherten Zahlen.

In einer Gesellschaft wie unserer, die neben der mündlichen Kommunikation vorrangig auf die Schriftsprache angewiesen ist, stellt der Analphabetismus eine massive soziale Benachteiligung dar. Einige der Betroffenen verfügen auch nicht über die Mindestqualifikation im Lesen und Schreiben, um den Alltagsanforderungen wie dem Lesen von Aufschriften, Fahrplänen, Kinoplakaten, Telefonbüchern, dem Mailen, SMS versenden, etc. gerecht zu werden. Sucht man nun nach den Ursachen, stößt man auf viele Variationen. Zumeist ist die Unwissenheit oder die Gedankenlosigkeit der Umwelt daran schuld. Betroffene Kinder können sich nicht selbst helfen und sind immer auf die Umsicht der Erwachsenen, besonders der Eltern oder Lehrer angewiesen. Genau an diesem Punkt werden hier zwar nicht bewusst, aber doch entscheidende Weichen für das spätere Leben des Kindes gestellt. Legasthene Kinder werden nicht erkannt und es kommt schlimmsten Falls zu einer Versetzung in die Sonderschule. Meist bringt diese auch nicht die gewünschte Verbesserung der Situation, sondern bestärkt die Betroffenen noch in ihrer Meinung, sie seien dümmer als ihre Mitmenschen. Andererseits wird wiederum oft vermeintliche Faulheit als Ursache für den mangelnden Lernfortschritt gesehen. Dabei scheint sich aber niemand zu fragen, warum ein intelligenter lernwilliger Mensch langsam die Freude an der Schule verliert. In ihrer Unfähigkeit, nicht wie jeder andere Mensch schreiben und lesen zu können, erleben sich Legastheniker, die man teilweise auch als Analphabeten bezeichnen kann, außerhalb der gesellschaftlichen Normalität und leiden schwer darunter. Sie vermeiden Situationen, in denen ihr Unvermögen offensichtlich wird. Dabei greifen die Betroffenen oft auf Ausreden zurück und sind dabei sehr stark auf Personen ihres Vertrauens angewiesen. Nicht selten aber können sie ihre Problematik so gut kompensieren, dass Lebenspartner oft jahrelang die Probleme nicht bemerken. Interessant ist nämlich zu beobachten, dass sich legasthene Menschen kaum Legastheniker als Partner wählen.

Im vorliegenden Werk wird neben einer kurzen Einführung in die Thematik der Legasthenie, die von großer Wichtigkeit ist, weil auch der Betroffene unbedingt die Hintergründe seiner Problematik erkennen soll, ein besonderer Schwerpunkt auf die praktische Hilfestellung gelegt. Das vorliegende Übungsbuch ist einerseits für den Selbstgebrauch und andererseits als Hilfestellung für Personen gedacht, die erwachsenen Legasthenikern helfen wollen, ihre Schreib- und Lesefertigkeiten zu verbessern. Den Fragen, kann ich mich noch testen lassen, wohin oder an wen kann ich mich um Hilfe wenden, gibt es Copingstrategien, die mir helfen, aufmerksam zu schreiben und zu lesen, wird auf die Tatsache, dass ich ein Legastheniker bin, bei der Berufsausbildung Rücksicht genommen, wann und wo oute ich mich oder kann man auch als legasthener Mensch den Führerschein machen, wird nachgegangen. Die Vergangenheitsbewältigung, Gegenwartsfragen, Zukunftsperspektiven eines legasthenen Menschen werden beleuchtet. Bewusst wurde auf die Aneinanderreihung von unzähligen Fallbeispielen verzichtet, sondern stattdessen nur auf die allgemeinen Probleme, denen jeder legasthene Erwachsene immer wieder begegnet, eingegangen.

Anhand der zahlreichen Übungen, Tipps und Anregungen soll es dem erwachsenen Legastheniker gelingen, seine Schreib- und Leseprobleme in den Griff zu bekommen und zu verbessern. Dabei wird er aber auch die Unterstützung und aktive Hilfe von anderen, seien es Spezialisten oder Lebenspartner, brauchen. Um es mit den Worten eines Betroffenen zu sagen: „Seit ich mein Schreib- und besonders mein Lesevermögen verbessert habe, hat sich für mich eine ganz neue Welt aufgetan, ich habe ein ganz neues Lebensgefühl verspürt. Es war kein leichter Weg. Ich bin allen, die mich dabei unterstützt haben, überaus dankbar!"

Juni 2003

Vorwort zur 2. Auflage

Nach Erscheinen der ersten Auflage trafen von zahlreichen betroffenen Erwachsenen sehr positive Reaktionen ein. Besonders gelobt wurde die Brauchbarkeit des Inhalts für die praktische Umsetzung. Auch unzählige Spezialisten, die auf pädagogisch-didaktischer Ebene mit Erwachsenen arbeiten und ihnen hilfreich bei der Verbesserung ihrer Schreib- und Lesefähigkeiten zur Seite zu stehen, haben das Buch als Standardwerk in Verwendung.

Nachdem die erste Auflage vergriffen war, wurde der Inhalt im Internet zum kostenlosen Downloaden zur Verfügung gestellt und seit Juni 2005 unglaublich oft heruntergeladen. Das Interesse an der Thematik sowohl von Spezialisten, die auf diesem Gebiet arbeiten, als auch von Betroffenen selbst und deren Angehörigen, ist wahrhaft sehr groß. Dennoch wurden immer wieder Stimmen von Betroffenen und Spezialisten laut, die sich eine neue Druckauflage wünschten. Hiermit wird nun diesem Wunsch nachgekommen und die zweite überarbeitete Auflage präsentiert.

Die Thematik, dass auch im Erwachsenenalter noch viele Menschen Probleme mit dem Schreiben und/ oder Lesen haben, die vom pädagogisch-didaktischen Standpunkt der Feststellung und Intervention aufgearbeitet wird, sucht im deutschen Sprachraum seinesgleichen. Deshalb erfreut sich dieses Werk auch so großer Beliebtheit, weil es neben dem notwendig zu wissenden theoretischen Hintergrund auch zahlreiche praktische Tipps für die praktische Hilfe bzw. das Symptomtraining bietet.

Schreib- und Leseprobleme sind auch im Erwachsenalter selten auf Schwächen, Störungen, Krankheiten oder gar auf Behinderungen zurückzuführen. Dennoch findet man nicht selten die Meinung, dass Schreib- und/ oder Leseprobleme aus vorgenannten Gründen entstehen oder einfach deshalb vorkommen, weil die nötige Intelligenz nicht vorhanden ist. Nochmals soll auch an dieser Stelle betont werden, dass Schreib- und Leseprobleme höchst selten mit der Intelligenz des jeweiligen Menschen zu tun haben, vielmehr mit der in der Grundschulzeit versäumten speziellen Förderung des Betroffenen. Weiters sind oder waren betroffene Erwachsene nicht einfach nur zu faul, um das Schreiben oder Lesen ausreichend zu erlernen, auch dieses verbreitete Vorurteil entspricht höchst selten der Realität.

Wie wir heute wissen, kann man Menschen mit Schreib- und/ oder Leseproblemen gezielt und erfolgreich auch noch im Erwachsenenalter helfen. Voraussetzung ist natürlich, dass die oder der Betroffene gewillt ist, viele mühevolle Stunden daran zu arbeiten, um die Schreib- und Lesekenntnisse zu verbessern. Nur der Wille sich zu verbessern und ein individueller auf die Probleme angepasster Trainingsverlauf, garantieren schließlich den gewünschten Erfolg.

Wünschenswert ist es, dass dieses Werk weiterhin einen Beitrag dazu leistet, viele betroffene Menschen in ihren Bemühungen zu unterstützen, ihre Schreib- und Leseleistungen zu verbessern und damit auch ihr oft angeschlagenes Selbstbewusstsein zu stärken.

April 2009

Grundsätzliches zum Thema Legasthenie

Für Erwachsene, die von einer Legasthenie betroffen sind, ist es wichtig, dass sie ein wenig Hintergrundinformationen zu dem doch sehr umfangreichen Gebiet erhalten. Nicht nur für das eigene Verständnis, sondern auch deshalb, weil viele Legastheniker Kinder haben, die auch von der Problematik betroffen sind. Deshalb hier Wissenswertes kurz, aber informativ rund um die Themen Legasthenie und Lese-Rechtschreibschwäche (LRS).

Grundsätzlich spricht man von einer **Legasthenie**, wenn man Folgendes beobachten kann:

- ⇨ Eine zeitweise **Unaufmerksamkeit** des Betroffenen in Zusammenhang mit dem Schreiben oder Lesen, d.h. wenn er unmittelbar mit Buchstabensymbolen zusammentrifft.
- ⇨ Differente **Sinneswahrnehmungen**, die nicht ausreichend für das Erlernen des Schreibens/ Lesens geschärft sind.
- ⇨ Durch die unscharfen Sinneswahrnehmungen und der daraus folgenden Unaufmerksamkeit entstehen **Wahrnehmungsfehler**.

Legasthenie ist im Menschen genbedingt und ist eine durch **Vererbung** weitergegebene Veranlagung. Durch gengesteuerte Entwicklungsprozesse im Gehirn werden die Sinneswahrnehmungen beeinflusst. Dies ist seit einigen Jahren durch wissenschaftliche Forschungen gesichert und deshalb als Tatsache zu sehen.

„Ein legasthener Mensch, bei guter oder durchschnittlicher Intelligenz, nimmt seine Umwelt differenziert anders wahr, seine Aufmerksamkeit lässt, wenn er auf Buchstaben oder Zahlen trifft, nach, da er sie durch seine differenzierten Teilleistungen anders empfindet als nicht legasthene Menschen. Dadurch ergeben sich Schwierigkeiten beim Erlernen des Lesens, Schreibens und Rechnens."

Pädagogische Definition der Legasthenie, Dr. Astrid Kopp-Duller 1995

Zum Unterschied spricht man von einer **Lese-Rechtschreibschwäche**, wenn man Folgendes beobachten kann:

⇨ **Fehlerhäufungen** beim Schreiben und Lesen.

Eine Lese-Rechtschreibschwäche ist aber durch besondere Umstände im Leben des Kindes, die multikausal sein können, bedingt und als **erworbene** Problematik anzusehen.

Interventionen müssen bei legasthenen Kindern in allen drei Bereichen, welche die Legasthenie bei einem Kind verursachen, erfolgen! Die Förderung verlangt ein Training an der Aufmerksamkeitsprojektion und der Schärfung der Sinneswahrnehmungen, die man für das Schreiben und Lesen unbedingt benötigt, und ein Training an den Symptomen. Zum Unterschied genügt es bei einem LRS-Kind, verstärkt an der Symptomatik zu arbeiten, also verstärkt das Schreiben und Lesen zu üben, um Erfolge zu erzielen. Natürlich dürfen sowohl bei einem legasthenen Kind als auch bei einem Kind mit LRS eventuelle Sekundärproblematiken nicht außer Acht gelassen werden.

Wird eine Legasthenie nicht oder spät erkannt, kann es zusätzlich zu den offensichtlichen Schreib- und Leseschwierigkeiten zu

Sekundärproblematiken kommen. Man spricht dann von Verhaltensauffälligkeiten der Kinder. Aus einer sogenannten **Primärlegasthenie** ist dann leider, durch die fehlende Intervention durch der Umgebung des Kindes, eine Sekundärlegasthenie geworden.

Eine **Sekundärlegasthenie** kann sich nun auf verschiedenste Art bemerkbar machen. Die Schreib- und Leseproblematik kann durch klinisch psychiatrische, intelligenzabhängige, entwicklungsbedingte, physiologische oder neurologische oder auch durch ereignisbedingte Ursachen **verstärkt** werden.

All die aufgezählten Bereiche können aber auch eine Lese-Rechtschreibschwäche verursachen. Diese unterschiedlichen Verursachungen der genbedingten und der erworbenen Problembereiche sind für die Tatsachenfeststellung, dass das Kind Schwierigkeiten beim Schreiben und Lesen hat, für Eltern und Lehrer meist nicht so interessant. Allerdings bekommen sie aber besondere Bedeutung, wenn es darum geht, die Leistungen der betroffenen Kinder durch eine gezielte Förderung zu verbessern.

Während man nun, wie schon oben ausgeführt, beim LRS-Kind durch vermehrte Übung im Schreib-/ Lesebereich und Interventionen in den Bereichen, welche seine LRS-Problematik hervorgerufen haben, zumeist gute Erfolge erzielen wird, wird man gleichsam beim legasthenen Kind damit scheitern. Denn hier sind weit reichendere Interventionen gefragt, um einmal nur die Primärlegasthenie in den Griff zu bekommen. Hat sich beim Kind schon eine Sekundärlegasthenie eingestellt, so sind natürlich auch in den betroffenen Gebieten Fachleute in das Legasthenietraining mit einzubeziehen.

Legasthenie	LRS
Primärlegasthenie ⇨ im Menschen veranlagt ⇨ durch Vererbung zeigt sich durch: ⇨ Unaufmerksamkeit beim Schreiben und Lesen ⇨ differente Sinneswahrnehmungen ⇨ Wahrnehmungsfehler **Sekundärlegasthenie** verstärkt durch verschiedene Ereignisse: ⇨ klinisch psychiatrische ⇨ intelligenzabhängige ⇨ entwicklungsbedingte ⇨ physiologische/ neurologische ⇨ ereignisbedingte Ursachen	**Lese-Rechtschreibschwäche** vom Menschen erworben durch verschiedene Ereignisse: ⇨ klinisch psychiatrische (Ängste, Aggressionen, Hyperaktivität, Konzentrationsstörungen, etc.) ⇨ intelligenzabhängige ⇨ entwicklungsbedingte (z.B. Reifedisproportionen) ⇨ physiologische/ neurologische (Seh-/ Hörvermögen, Sprachstörungen, motorische Störungen) ⇨ ereignisbedingte Ursachen (Psychosoziales Umfeld, Scheidung, Todesfall, Krankheit, schulische Bedingungen) zeigt sich durch: ⇨ vermehrte Fehler beim Schreiben, Lesen

Manchmal werden auch Sekundärerscheinungen wie **Abwesenheit und Unruhe** bei legasthenen Kindern als Krankheitsbilder gedeutet, obwohl sie eigentlich gar keine sind. Deshalb kommt es von Erwachsenen diesbezüglich zu falschen Rückschlüssen, das Kind wird zu unrecht als „unkonzentriert" und „hyperaktiv" bezeichnet. Es kommt vor, dass legasthene Kinder unbewusst der Tatsache Ausdruck verleihen, dass sie das Lernangebot in der Schule nicht bewältigen können, obwohl der Wille zu einem Bestehen sehr hoch ist. Das Schreiben- und Lesenerlernen ist für legasthene Kinder tatsächlich auch erlernbar, nur muss der Vermittlungsweg ein spezieller sein. Deshalb kommt es zu Symptomatiken wie Abwesenheit und Unruhe, die aber zumeist nichts mit den Krankheitsbildern der Konzentrationsschwäche oder Hyperaktivität zu tun haben. Gleichzeitig muss natürlich eingeräumt werden, dass es auch legasthene Kinder gibt, die zusätzlich noch Krankheitsbilder aufweisen, eine Konzentrationsschwäche oder Hyperaktivität eingeschlossen.

Eltern und Lehrer können nur durch Beobachtung Vermutungen anstellen, ob das Kind die Abwesenheit oder Unruhe durch die Überforderung als Folge von legasthenen Anlagen produziert, oder ob es krankheitsbedingt ist. Es ist zu hinterfragen, ob das Kind diese Symptomatiken schon vor Schulbeginn zeigte, oder ob es mit der Einschulung oder kurz danach erst dazu kam. Wichtig ist auch zu eruieren, ob das Kind nur beim unmittelbaren Zusammentreffen mit den schulischen Überforderungen so reagiert oder generell. Fragen Sie sich, ob das Kind andere Tätigkeiten, die nichts mit dem Schreiben oder Lesen zu tun haben, auch nur sehr oberflächlich und kurz abhandelt oder ob sich das Kind ausgiebig mit Dingen beschäftigen kann, welche ihm Spaß bereiten. Schließlich kann aber nur ein Spezialist mit Sicherheit die tatsächliche Problematik feststellen.

Ein Thema wird in Zusammenhang mit der Legasthenie immer wieder diskutiert, wie sich **Wahrnehmungsfehler** und **Rechtschreibfehler** unterscheiden. Man wird auch jede Menge Leute treffen können, die vehement bestreiten, dass es dabei überhaupt einen Unterschied gibt. Tatsächlich liegt der Unterschied leider, sonst wären sie viel leichter zu erkennen, nur in der Art der Entstehung der Fehler und nicht an der äußeren Form. Aggressionen und Unmut zeigen sich bei so manchen Erwachsenen, die sich nicht oder unzureichend mit den Eigenheiten legasthener Kinder befassen, wenn sie erleben, dass ein Kind beispielsweise ein Wort mehrmals richtig schreibt, dann wieder falsch und dies womöglich noch im gleichen Text. Sofort glaubt man zu wissen, dass das Kind ja nur „denkfaul" ist, vielleicht sogar nicht intelligent genug. Zugegeben, es ist nicht leicht, dies zu verstehen, und dass es überhaupt dazu kommen kann. Wahrnehmungsfehler entstehen, wie der Name es schon ausdrückt, durch die unscharfen Sinneswahrnehmungen und die damit verbundene Unaufmerksamkeit im Moment der Produktion. Wahrnehmungsfehler hängen, nicht so wie Rechtschreibfehler damit zusammen, dass dem Kind die korrekte Schreib-/ Leseweise nicht geläufig wäre, sondern mit dem zeitweiligen Aufmerksamkeitszustand bei der Produktion. Man sollte es eigentlich an Beispielen erklären. Das Kind schreibt sowohl „wir" im Text als auch „wier", dann vielleicht „wihr" oder es liest „die" anstatt „deine". Nicht immer ist jedoch der Aufmerksamkeitszustand schlecht, manchmal können die Kinder, wenn auch zumeist nur für kurze Zeit, unbewusst sehr gut aufmerksam sein und produzieren dann keine oder viel weniger Fehler. Doch gerade dieser Umstand macht das Verständnis für die Erwachsenen schwer, denn es wird kaum eingesehen, dass man einmal etwas kann und dann wieder nicht mehr und dann wieder und so fort. Die jeweiligen Aufmerksamkeitszustände des Kindes, welche vom Kind nicht gesteuert werden können, außer sie lernen es in einem Training, sind daran maßgeblich beteiligt. Sollten sich nun bei einem intelligenten Kind völlig wider Erwarten in der Schule Probleme beim Erlernen des Schreibens/ Lesens ergeben, so sollte man ja nicht unter dem Motto „Das wird sich schon von alleine geben" zuwarten, sondern dem Kind, noch bevor sich auch andere Problematiken dazugesellen, eine individuelle und gezielte und vor allem rechtzeitige Hilfestellung geben. Eine solche Hilfestellung setzt aber die vorherige genaue Abklärung der Problematik voraus. Dazu sind Spezialisten der verschiedensten Sparten da.

Zuallererst sollte man sich aber in der Schule mit dem Klassenlehrer auseinandersetzen. Dazu ist es wichtig, dass Bedenken des Lehrers als auch Bedenken der Eltern von der jeweiligen anderen Partei ernst genommen werden. Oft genug ist es für Lehrer sehr schwierig, Eltern die Probleme des Kindes auch klar zu verdeutlichen, denn nicht immer ist die Bereitschaft da, dies auch zu akzeptieren. Dies passiert aus verschiedenen Gründen, weil man vielleicht insgeheim schon was von solchen Kindern gehört hat, weil man vielleicht als Kind die gleichen Probleme hatte und deshalb eine Abneigung gegen alles hat, was mit der Schule zusammenhängt, aber schließlich doch nicht genau weiß, was es bedeutet. Von Schwäche, von Störungen, von Krankheit oder gar Behinderung ist manchmal in dem Zusammenhang zu hören. All dies kann Eltern verunsichern, niemand will ein in dieser Hinsicht außergewöhnliches Kind haben und ist auch manchmal nicht dazu bereit, sich in der Hausaufgabensituation dem Kind so stark zu widmen, wie es tatsächlich notwendig wäre. Die Unsicherheit kann aber ein Lehrer mit Wissen über die Problematik durch Aufklärung nehmen. Aber auch Eltern finden manchmal wenig Gehör bei Lehrern, die ganz einfach, um eben nicht einschreiten zu müssen, überhaupt verleugnen, dass so etwas wie eine Legasthenie überhaupt existiert. Auch das gibt es, wenn auch die Zahl derer, die sich gegen Tatsachen und Gegebenheiten einfach wehren wollen, zum Glück für die Betroffenen, immer seltener wird. Doch die Tatsache bleibt, dass das Kind immer noch auf die Umgebung, das benötigte Verständnis und die Förderung angewiesen ist, auf die es trifft. Kein Gesetz von oben wird dies auch je ändern können, sondern nur die Aufklärung der Menschen, nicht nur der Pädagogen, über die Problematik, dass diese

Kinder eben einen anderen Zugang zu der Materie des Schreibens, Lesens und/ oder Rechnens haben – nicht alle Kinder haben in allen Bereichen Schwierigkeiten, manche nur in einem Bereich – und dass sie einfach mehr Zeit dazu brauchen, um es zu erlernen. Lehrer können auch, allerdings natürlich nur bedingt, diesen Kindern im Rahmen des Unterrichts unterstützend zur Seite stehen.

Ein **pädagogisches Computertestverfahren**, der AFS-Test, zur Feststellung einer eventuell vorliegenden Legasthenie, Dyskalkulie oder Lese-, Schreib- und Rechenschwäche bringt schnell Gewissheit. Effizienter und schneller arbeiten mit diesem Testverfahren nicht nur Legasthenietrainer und Pädagogen, sondern auch Psychologen. Dadurch kommt es zu keinen Marathonsitzungen und Belastungen des Kindes mehr, welche abzulehnen sind. http://www.dyslexiatest.com
Nach der Feststellung ist ein **individuelles Training**, welches auf die jeweiligen Bedürfnisse des Kindes ausgerichtet ist, durchzuführen. Jedes Legasthenietraining gestaltet sich anders, weil die Ausprägung jeder Legasthenie unterschiedlich ist. Es ist wichtig, die Sinneswahrnehmungen der Kinder zu schärfen, die Unaufmerksamkeit, welche sich in Zusammenhang mit dem Schreiben und Lesen bemerkbar macht, in eine gut anhaltende Aufmerksamkeit zu wenden und schließlich an den Symptomen, gezielt an den Fehlern, den sogenannten Wahrnehmungsfehlern, zu arbeiten. Nur das bedingungslose Zusammenwirken der drei Gebiete garantiert auch einen Trainingserfolg.
Sie stellen die Grundpfeiler der **A**(ufmerksamkeit - Attention) **F**(unktion - Function) **S**(ymptom - Symptom) - Methode dar, ein Legasthenietraining, welches sich in den letzten Jahren bei Tausenden von Kindern in der ganzen Welt bewährt hat. Voraussetzung ist ein gewissenhaftes Training über einen längeren Zeitraum, welches nicht gleich, wenn sich die ersten Erfolge abzeichnen, eingestellt wird.

Legasthenie im Erwachsenenalter

Tatsächlich zeigen sich für den aufmerksamen Beobachter schon in der frühen Kindheit Eigenheiten des Kindes, die darauf schließen lassen, dass das Kind eine legasthene Anlage haben könnte. Gerade erwachsene Legastheniker sollten die eigenen Kinder genau beobachten und sich frühzeitig an Spezialisten wenden. So sind eine wenig bis gar nicht ausgelebte Krabbelphase, Sprachschwierigkeiten, auffallende Ungeschicklichkeit, wenig Interesse an Buchstaben- oder Zahlensymbolen, Sinneswahrnehmungsleistungen bei Spielen wie etwa bei Memory, die den Vergleich mit Gleichaltrigen nicht standhalten, u.v.m. Hinweise. Vielfach wird die frühzeitige Förderung, die sowohl im Bereich der Sinneswahrnehmungen als auch in der vorschulischen Beschäftigung mit Buchstaben- und Zahlensymbolen stattfinden sollte, völlig unterschätzt. Kinder mit legasthenen Anlagen können im Vorschulalter weitgehend gefördert werden, sodass in der Schulzeit nicht gravierende Schwierigkeiten auftreten. Eine Legasthenie lässt sich aber erst im Zusammenhang mit der Beschäftigung des Kindes mit dem Schreiben und Lesen tatsächlich feststellen, vorher sind nur Mutmaßungen zulässig. Es hat sich gezeigt, dass nicht jedes Kind, welches durch Sinneswahrnehmungsprobleme in der Vorschulzeit auffällig wird, auch im Schreib- und Leseerlernprozess Schwierigkeiten hat. Eine Frühförderung ist aber dennoch immer zu befürworten. Auch die rechtzeitige Förderung in der Schulzeit bewahrt viele Kinder vor schlimmeren Erfahrungen und Konsequenzen für das weitere Leben. Werden nun in der Schulzeit, besonders in den ersten vier Schulstufen, dem legasthenen Kind nicht massiv Förderungen zuteil, so wird sich die Problematik sicherlich nicht von allein in Wohlgefallen auflösen. Es ist dann damit zu rechnen, dass mitunter auch im späteren Berufsleben die Legasthenie noch äußerst negative Wirkungen zeigt. So geringe Anforderungen wie der Erwerb eines Führerscheines könnten einem Legastheniker wegen der heute üblichen Prüfungsmodalitäten schon Schwierigkeiten bereiten.

Glücklicherweise ist es natürlich auch noch möglich, ein erfolgreiches Legasthenietraining mit Erwachsenen zu gestalten. Doch so einfach es vielleicht klingt, so schwierig, aufwendig und zeitintensiv ist es auch. Vorerst muss man sich über gewisse Grundsätzlichkeiten als Betroffener im Klaren sein und gewisse Voraussetzungen müssen unbedingt gegeben sein.

Wie schon erwähnt, ist es heute wohl hinlänglich bekannt, dass sich eine Legasthenie nicht auswächst, so wie man es einst gedacht hat. Der legasthene Mensch bleibt also ein Leben lang legasthen. Für die Betroffenen ist natürlich entscheidend, welche spezielle Hilfe sie in der Kinder- und Jugendzeit bekommen haben. Je wirksamer die Hilfe, desto schneller und leichter kann der legasthene Mensch sich auch mit Buchstaben oder Zahlen zurechtfinden.

Die Anzeichen für eine Legasthenie werden aber auch heute noch nicht immer erkannt und es wird lange Zeit nichts für die Verbesserung des Zustandes des betroffenen Menschen getan, bis er schließlich erwachsen ist. So zeigt es sich immer wieder, dass es auch im Erwachsenenalter eine stattliche Anzahl von Menschen gibt, die zwar trotz ihrer Legasthenie irgendwie die Schule gemeistert haben, doch mit ihrem Zustand, der sich in einem beispielsweise viel zu langsamen Lesen oder fehlerhaften Schreiben dokumentiert, absolut nicht zufrieden sind. Sie haben aber gelernt, damit umzugehen, da kommt die Erfahrung zu tragen.

Viele dieser Leute haben bis dato keine Ahnung, welche Problematik sie dazu bringt, mit den Kulturtechniken so auf Kriegsfuß zu stehen, dennoch versuchen sie in irgendeiner Weise zu bestehen. Viele fühlen sich aber auch einfach dumm und leiden insgeheim schwer darunter. Eine beispiellose Liste von Schicksalen könnte hier nun angeführt werden, deren Tragik durch keinen noch so gut inszenierten Film übertroffen werden könnte. Hier bewahrheitet sich das Sprichwort: „Die besten Geschichten schreibt wohl das Leben selbst!"

Eines haben aber alle Fälle gemein, man erlebt kaum einen erwachsenen Legastheniker, der nicht an sich zweifelt. Manche ganz offen, manche geheim. Der Bogen spannt sich von offensichtlicher Verzweiflung, wo sich selbst Männer nicht scheuen, dicke Tränen zu vergießen, bis zum starken Mann oder zur starken Frau, die sich zwar viele Jahre, oft Jahrzehnte, nach außen hin nichts anmerken haben lassen, doch eines Tages platzt es aus ihnen heraus und die Qualen der Ungewissheit treten zutage, die sich da in der Frage kundtun: „Bin ich nun wirklich ein wenig blöd?"

Die Dankbarkeit nur für die Erklärung des Phänomens der Legasthenie und das damit verbundene plötzliche Verständnis von sich selbst ist meistens unbeschreiblich! Die Menschen können in diesem Moment zwar noch nicht besser schreiben oder lesen. Doch man hat das Gefühl, die Gewissheit, man ist mit der Problematik nicht alleine auf der Welt, man kann etwas für die Verbesserung seines Zustandes tun, und dies scheint ihnen Flügel zu verleihen.

Dabei betrifft dies in keinster Weise nur Menschen, die erfolglos im Leben sind. Man erlebt auch immer wieder, dass Menschen, die in ihrem Beruf tolle Leistungen erbringen, im Schreib- und Lesebereich nicht entsprechen, die an sich zweifeln und davon ausgehen, dass sie einfach doch nicht so gescheit sind, wenn auch nur teilweise, wie andere Menschen, die diese Techniken beherrschen. Dadurch, dass man ihnen die Erklärung gibt, gleichsam den Stachel entfernt, der sie immer sticht, verhilft man diesen Menschen nicht selten zu einem völlig neuen Lebensgefühl. Es ist jedoch mehr als frustrierend, wenn man miterleben muss, dass viele Jahre vergehen, in denen sich diese Menschen schwer gequält haben und dafür eigentlich nicht der geringste Grund vorhanden war. Die gesellschaftliche Wertung der Fertigkeit des Schreibens und Lesens ist wohl maßgeblich daran beteiligt. Gleichsam wird diese mit der Intelligenz eines Menschen gleichgesetzt, was natürlich völliger Nonsens ist. Tatsächlich wäre es viel gerechter an dem Verstand der Mitmenschen zu zweifeln, die solche Maßstäbe ansetzen.

Entscheidend ist aber die Tatsache, dass man auch legasthenen Menschen, die bereits erwachsen sind, noch gezielt helfen kann, mit dieser Problematik fertig zu werden. Eines muss man aber unbedingt bedenken, dass es natürlich mit wesentlich mehr Aufwand verbunden sein wird, als dies beispielsweise bei einem Volksschüler der Fall ist. Verschiedene Voraussetzungen sind aber für ein erfolgreiches Training notwendig und nur wenn wirklich alle strikt eingehalten werden, ist der Erfolg vorprogrammiert.

Drei Grundvoraussetzungen

Erfolge setzen ehrlichen Willen zu Verbesserungen voraus

Wie schon erwähnt, sind, bevor man ein Training beginnt, einige wirklich wichtige Überlegungen zu tätigen. Die wichtigste Voraussetzung, ohne die absolut keine positiven Ergebnisse im Zusammenhang mit der Legasthenieproblematik zu erwarten sind, stellt der unbedingte und ehrliche Wille des Betroffenen dar, eine Verbesserung in der Schreib- und Lesefertigkeit erreichen zu wollen. Halbherzige Versuche werden immer scheitern. Es nützt leider wenig, wenn beispielsweise nur der Lebenspartner die treibende Kraft ist und mit der Tatsache nicht leben kann, dass es immer wieder zu Schwierigkeiten kommt, unter anderem, wenn ein Formular ausgefüllt werden muss. Die Hauptperson ist der Betroffene. Er muss unbedingt einen Leidensdruck verspüren, damit er die Motivation für die weitreichend aufwendige Arbeit bekommt, die bei einem Legasthenietraining notwendig sein wird. Es gibt nämlich auch jede Menge erwachsene Legastheniker, die sich schon längst mit ihrem Schicksal abgefunden haben, damit leben und keine Veränderung wünschen. Deshalb ist es besser, dass man sich vorher über die genauen Umstände bewusst wird.

Diese Bereitschaft ist auch vom Legasthenietrainer unbedingt vor Beginn eines Trainings in einem Beratungsgespräch zu eruieren. Der Trainer hat den Betroffenen nicht nur darüber ehrlich zu informieren, dass eine Menge Arbeit auf ihn zukommt und dass nur sein eiserner Wille das Durchhalten gewährleistet, sondern er sich selbst darüber im Klaren sein muss, dass er die Interventionen wahrnehmen und am Training aktiv teilnehmen muss. Dazu wird es auch manchmal nötig sein, auf andere Aktivitäten zu verzichten. Oft ist es günstig, auch den Lebenspartner bei diesem Gespräch dabei zu haben, damit auch das häusliche Verständnis gesichert ist. Man soll, genauso wie bei Kindern, die Tatsache, dass das Umfeld für das Gelingen eines Trainings sehr sehr wichtig ist, nicht zu geringschätzen. Ein Lebenspartner, der sich gegen die Verbesserung stellt und dagegen opponiert, auch das gibt es natürlich. Um die Abhängigkeit aufrecht zu erhalten, werden über kurz oder lang alle Bemühungen des Betroffenen und auch des Trainers zunichte gemacht.

Die Erfolge stellen sich nur langsam ein

Auch darüber muss sich der Betroffene klar sein. Über diesen Punkt sollte der Legasthenietrainer mit dem Hilfesuchenden ausgiebig sprechen, denn Erfolge werden sich leider nicht unmittelbar oder über Nacht einstellen. Man muss ganz klar darstellen, dass die Verbesserungen nicht ständig vorwärts schreiten, dass es manchmal auch zu einfach nicht erklärbaren Rückschritten kommt. In diesen Phasen ist dann auch ein Durchhaltevermögen gefragt, das aber schließlich, nach viel Geduld und Ausdauer, doch belohnt wird. Denn eines ist dem Betroffenen klar darzustellen, dass es auch noch bei Erwachsenen zu unglaublichen Verbesserungen kommen kann, wenn der Einsatz stimmt.

Der geeignete Trainingsansatz für Erwachsene

Es hat sich in der Praxis gezeigt und ist auch wissenschaftlich fundiert, dass ein Sinneswahrnehmungstraining bei Menschen ab ca. dem sechzehnten bis achtzehnten Lebensjahr keine Wirkungen mehr für die Verbesserung der Schreib- und Leseleistungen hat. Auf diese Tatsache ist beim Training natürlich unbedingt Rücksicht zu nehmen. Das Legasthenietraining bei Erwachsenen setzt sich demnach aus zwei großen Bereichen zusammen: der Verbesserung der Aufmerksamkeit bei den Kulturtechniken und dem speziellen und individuellen, auf die Bedürfnisse des Betroffenen abgestimmten Symptomtraining.

Wie auch bei legasthenen Kindern ist das Bewusstsein zu gewährleisten, dass man, wenn man schreibt oder liest, unbedingt mit den Gedanken dabei sein muss. Dies ist die Grundvoraussetzung für eine erfolgreiche Arbeit.

Dieses Bewusstsein beim Erwachsenen zu erreichen ist zwar leichter als beim Kind, doch die Durchführung ist dann leider wesentlich schwieriger für diesen. Dies hängt damit zusammen, dass eine jahrelang praktizierte gegenteilige Angewohnheit ganz fest im Menschen verankert ist. Das zeitweise Weggehen der Gedanken, die Oberflächlichkeit beim Schreiben oder Lesen ist eine im legasthenen Menschen verfestigte natürliche Angewohnheit, der er sich zumeist gar nicht bewusst ist.

Nur die Folgeerscheinungen, die Fehler, die passieren, werden bemerkt. Es ist erstaunlich, wie viel man schon alleine mit dem Bewusstmachen dieser Tatsache erreichen kann. Nur die ständige Durchführung bereitet manchmal anfangs arge Schwierigkeiten. Doch auch in diesem Bereich bewahrheitet sich das Sprichwort „Übung macht den Meister!" Unzählige Wiederholungen dieses Aufmerksamkeitszustandes bewirken schließlich eine Umkehr zum tatsächlichen Aufmerksamsein beim Schreiben und Lesen. Wobei man nie voraussagen kann, wie lange ein Training in dieser Richtung dauert, dies hängt immer speziell vom betroffenen Menschen ab. Unterstützen kann man dieses Training auch mit aufmerksamkeitsverstärkenden Übungen. Doch ist genau zu beobachten, ob dadurch der gewünschte Zustand eintritt. Aufmerksamkeitsverstärkende Übungen wirken nicht auf jeden Menschen, auch nicht bei Erwachsenen!

Für den Betroffenen und den Trainer ist das „Aha-Erlebnis" sehr erfreulich und die damit verbundenen Verbesserungen in den Kulturtechniken sehr wichtig. Weitreichende Verbesserungen im Symptombereich können aber nur durch weitere spezielle und individuelle Arbeitsschritte und viel Übung erreicht werden.

Wobei der Betroffene und auch der Trainer nicht davor zurückschrecken sollte, an der Basis zu beginnen. Das bedeutet, dass das Training oftmals im Buchstaben- oder Zahlenbereich, also sehr basal, mit dem Volksschulstoff, begonnen werden muss. Wichtig ist hier besonders die Erklärung, warum dies auch für den Erwachsenen wichtig ist. So kann man auch beim Hausbau nicht mit dem Dach beginnen. Gleich verhält es sich mit dem grundsätzlichen Erlernen des Schreibens und Lesens. Dabei ist natürlich entscheidend, wo der Betroffene tatsächlich steht. Da muss auch begonnen werden.

Weitere Gebiete der Förderung im Symptombereich sind vom Trainer durch eine Fehleranalyse festzustellen. Auch hier ist gezielt vorzugehen. Gebiete wie die Groß- und Kleinschreibung, die Schärfung, die Dehnung, harte und weiche Konsonanten, die Wortdurchgliederung, die Satzgliederung und vieles mehr sind auch beim Erwachsenen mehr oder weniger betroffen. Ein ausdauerndes Training gewährleistet aber die Erfolge. Zu betonen ist auch das besondere Einfühlungsvermögen des Trainers in die schon ausgereifte Persönlichkeit des zu Trainierenden. Nicht jeder diplomierte Legasthenietrainer möchte bevorzugt mit Erwachsenen arbeiten. Der Arbeitsbereich unterscheidet sich natürlich vom Arbeitsbereich mit Kindern und Jugendlichen.

Die verschiedenen Schweregrade bei Erwachsenen

Das Wort Analphabetismus hat in den letzten Jahren wieder an Bedeutung gewonnen. Man interessiert sich für die weiter als man annehmen würde verbreitete Problematik erneut. Da es die Schulpflicht auch im deutschen Sprachraum nicht immer gegeben hat, gab es in früheren Jahrhunderten nur wenige Menschen, welche die Möglichkeit hatten, das Schreiben und Lesen zu erlernen. Nach der Einführung der Schulpflicht und der an die Schule wichtigste gestellte Anforderung und Aufgabe, den Kindern das Schreiben und Lesen beizubringen, wird man in den Siebzigerjahren erstmals darauf aufmerksam, dass es trotzdem Menschen gibt, die das Schreiben und Lesen ungenügend bis gar nicht beherrschen. Es werden Erläuterungen und Definitionen zu dem Phänomen vorgenommen. So unterscheidet man den totalen, primären, funktionalen und sekundären Analphabetismus. Die Abstufungen sollen den Schweregrad des Betroffenen in seiner Fähigkeit des Schreibens und Lesens beschreiben. Im englischen Sprachraum beschreibt das Wort „literacy" Probleme in den Bereichen des Schreibens, Lesens und auch des Rechnens.

Vorausschickend eine ganz wichtige Feststellung. Nur ganz wenige Erwachsene - und das ist Tatsache - sind Schriftsprachenexperten, dazu sind bestenfalls nur Germanisten oder Linguisten, welche ein intensives Studium absolviert haben, zu zählen. Es gibt kaum Menschen - und das sollte wirklich einmal ganz offen ausgesprochen werden - welche bis ins letzte Detail die deutsche Rechtschreibung beherrschen. Interessanterweise wird dies aber von den Menschen

kaum zugegeben. Geht man der Sache auf den Grund, so ist meist falsche Scham mit im Spiel. Man gibt sich lieber als perfekter Rechtschreiber und Leser aus, der man aber gar nicht ist.
Als totale Analphabeten bezeichnet man Menschen, welche die Bedeutung der Buchstaben nicht kennen. Der Grund dafür ist aber nicht nur in einer legasthenen Anlage, die man in ihrer Schwerstform als literale Legasthenie bezeichnet, zu suchen. Andere Gründe wie z.B. kognitive Beeinträchtigungen können auch daran beteiligt sein.
Als primäre Analphabeten bezeichnet man Menschen, die nie die Möglichkeit erhalten haben, das Schreiben und Lesen zu erlernen. Schätzungen der UNESCO zufolge beherrscht etwa die Hälfte der Weltbevölkerung keine Schriftsprache, wobei die Entwicklungsländer den größten Anteil stellen.
Als funktionale Analphabeten bezeichnet man Menschen, welche die gesellschaftlichen Grundanforderungen bzw. Mindestanforderungen im Schreib- und Lesebereich nicht beherrschen. Sie sind schlecht in der Lage, die Schriftsprache für sich im Alltag zu nutzen und vermeiden deshalb schriftsprachliche Anforderungen. In diese Gruppe sind die meisten erwachsenen Legastheniker einzuordnen.
Als sekundäre Analphabeten bezeichnet man Menschen, welche zwar in der Schule das Schreiben und Lesen erlernt, aber im Laufe des Lebens wieder verlernt haben. Auch in dieser Gruppe kann man Legastheniker finden. Sie gehören zu den Menschen, welche das Schreiben und Lesen mehr oder weniger erlernt haben, doch durch ihre natürliche Abneigung dem Schreiben und Lesen gegenüber werden diese Techniken so wenig praktiziert, dass sie tatsächlich schön langsam in Vergessenheit geraten.
Der Betroffene sollte sich zuerst selbst darüber klar werden, welcher Gruppe er angehört. Danach kann er, wenn er außerfamiliäre Hilfe wünscht, sich in einem ausführlichen Betratungsgespräch vertrauensvoll an einen Spezialisten wenden.

Am Arbeitsplatz

Es ist wichtig, dass der Betroffene und seine nähere Umgebung - dazu gehören neben den Familienangehörigen natürlich auch die Menschen, mit denen er beispielsweise in der Ausbildung oder am Arbeitsplatz zusammenarbeiten muss - über die Hintergründe der Problematik Bescheid wissen. Damit kann gewährleistet werden, dass der legasthene Erwachsene an dem Ort, wo er sehr viel Zeit verbringt, auf akzeptable Voraussetzungen trifft. Wichtig ist, dass das Gefühl vorhanden ist, dass die Kollegen über die Problematik informiert sind und deshalb keine Vorbehalte bestehen. In den USA gibt es ein bundesweites Gesetz, die Section 504, das in allen fünfzig Bundesstaaten Gültigkeit besitzt und das die Rechte von legasthenen Menschen in der Ausbildung regelt. In den deutschsprachigen Ländern gibt es keine allgemeingültige Regelung. Beinahe jedes Bundesland in Deutschland oder auch in Österreich hat eigene Erlasse oder Regelungen, welche zumeist aber nur theoretischer Natur sind. Praktisch ist der legasthene Mensch auf die Situation angewiesen, die er unmittelbar vorfindet, was soviel bedeutet, dass das Verständnis und die Rücksichtnahme auf den Kenntnissen des Ausbilders, des Lehrers, des Lehrherren etc. über die Problematik der Legasthenie beruht. Dadurch ergeben sich die verschiedensten Situationen. Von der Möglichkeit des legasthenen Menschen, eine akademische Bildung zu erlangen, bis hin in die Sonderschule verwiesen zu werden, ist alles möglich und liegt nicht selten in der Hand von einzelnen Personen - in unzähligen Fällen ein äußerst schwerwiegender Nachteil für legasthene Menschen. Ein Beispiel der völlig unterschiedlichen Handhabung der Problematik, an der doch weltweit 15% der gesamten Bevölkerung leiden, ist auch die Erlangung des

Führerscheines. Bei einzelnen Ämtern kommt es zu einer großen Unterstützung für legasthene Menschen durch Beamte bei der Absolvierung der Führerscheinprüfung, beispielsweise durch Vorlesen der Prüfungsfragen, bis hin zur Möglichkeit, diplomierte Legasthenietrainer bei den Prüfungen hinzuzuziehen. Andererseits gibt es Beispiele, die völlig unglaublich anmuten. Allerlei Hindernisse werden den legasthenen Menschen noch aufgebürdet, die schließlich verhindern, dass sie mit dem Auto fahren dürfen. Nachweislich sind aber legasthene Menschen sehr sichere Autofahrer, weil sie in verschiedenen Situationen durch ihre besondere Umsicht äußerst gute Reaktionen zeigen. Jakie Stewart, der weltbekannte Formel 1 Rennfahrer, hat seine Rennerfolge immer wieder mit seiner Legasthenie in Zusammenhang gesehen.

Gerade am Arbeitsplatz oder auch bei manchen Freizeitaktivitäten kann es dem legasthenen Menschen immer wieder passieren, dass er durch seine Problematik auf Unverständnis von Seiten der Mitmenschen stößt, die nicht oder nur ungenügend über die Hindergründe der Legasthenie Bescheid wissen. In diesen Situationen ist manchmal auch Vorsicht geboten, denn nicht selten endet ein Aufklärungsversuch des Betroffenen in einem Outing, welches nicht den gewünschten Effekt erzielt, sondern vielmehr das Gegenteil bewirkt. Aufklärung über die Problematik erfolgt wesentlich effizienter durch Nichtbetroffene, denn die können auch emotionsloser agieren. Vielfach hat sich auch bewährt, dass Spezialisten über die Thematik einen Informationsabend gestaltet haben und nichtlegasthenen Menschen nicht nur über die Hintergründe, sondern auch über die Ängste und Abgründe berichten, vor denen legasthene Menschen oft wegen des Unverständnisses der Mitmenschen stehen, die ihre Art nicht akzeptieren. Gibt man erst einmal den Mitmenschen der Umgebung Einblick in die Problematik, so denken die meisten um. Dies wirkt sich auf den Umgang mit dem legasthenen Menschen innerhalb eines Betriebes ausgesprochen positiv aus.

Auch können praktische Hinweise eines Spezialisten hilfreich sein:

- ⇨ Die Akzeptanz, dass der Legastheniker im Schreiben und/ oder Lesen nicht hundertprozentige Arbeit leisten kann. Dies erfordert Einfühlungsvermögen und Vertrauen.
- ⇨ Dem legasthenen Menschen sollten nicht nur schriftliche Anweisungen erteilt werden, sondern wenn irgendwie möglich auch mündlich.
- ⇨ Sollten diese nur schriftlich möglich sein, so wird eine kurze, präzise Form empfohlen.
- ⇨ Arbeitsaufträge werden manchmal in unüblicher Weise erledigt, ohne dabei aber an Qualität zu verlieren. Man sollte den legasthenen Menschen dabei unterstützen und nicht kritisieren.
- ⇨ Herbe Kritik sollte unbedingt vermieden werden. Der bessere Weg ist es, sich auszusprechen.
- ⇨ Die Eigenheiten wie z.B. die hohe Merkfähigkeit oder das umfassende Denken des Legasthenikers sollten für die Arbeit genützt werden.

Ein sehr wichtiger Teil der Arbeit des diplomierten Legasthenietrainers, welcher verstärkt im Erwachsenenbereich tätig ist, sind Informationsabende, bei denen Arbeitgeber über die Problematik der Legasthenie im Erwachsenenalter informiert werden. Nachstehend findet man Vorschläge, wie man einen solchen Informationsabend gestalten könnte.

Thema: Unterstützung für Erwachsene mit Legasthenie am Arbeitsplatz

1. Geben Sie eine Übersicht über die Thematik

⇨ Was ist Legasthenie?
⇨ Wie beeinflusst sie die Arbeit des Betroffenen?
⇨ Was für Folgen hat sie für den Betroffenen am Arbeitsplatz?
⇨ Wie können die Kollegen mithelfen, seine Situation zu erbessern?

Anmerkungen:
Geben Sie zuerst einen Überblick über das, was Sie besprechen möchten und wie lange der Vortrag in etwa dauern wird. Es sollte hervorgehoben werden, dass das Augenmerk darauf gelegt wird, dass die Bewusstheit über Schwierigkeiten, mit denen legasthene Erwachsene am Arbeitsplatz konfrontiert sind, gehoben wird. Außerdem ist es auch wichtig, die Zuhörer auf die individuelle Situation des Einzelnen aufmerksam zu machen.

2. Die Problematik Legasthenie

⇨ Wie äußern sich die Schwierigkeiten allgemein?
⇨ Wann wird die Problematik auffällig?
⇨ Warum führt die Legasthenie zu Leistungsabweichungen?
⇨ Gibt es Schweregrade der Legasthenie?

Anmerkungen:
Es ist wichtig, über die Vielfalt der Schwierigkeiten, die ein Erwachsener mit Legasthenie hat, zu sprechen. Der Mythos, dass die einzige Schwierigkeit im Rechtschreibbereich liegt, sollte unbedingt ausgeräumt werden. Auf der einen Seite können die Verarbeitungs-

schwierigkeite sehr geringfügig sein und mit richtigen Interventionen überwunden werden, auf der anderen Seite kann eine Legasthenie total lähmend und sehr schwer zu bewältigen sein. In diesem Falle kann durch ein sehr niedriges Selbstbewusstsein und psychische Probleme der Zustand noch verschlechtert werden. Fahren Sie fort, die Problematik umfassend zu besprechen. Dabei können Spezialisten aus ihrem umfassenden Wissen über die Thematik schöpfen.

3. Spezielle Schwierigkeiten

⇨ Wie äußern sich die Schwierigkeiten speziell?
⇨ Wie schnell ist die Worterkennung beim Lesen?
⇨ Wie sind die Schreibweisen?
⇨ Kommt es zu Bedeutungsverwechslungen?

Anmerkungen:
Die Geschwindigkeit, mit der Erwachsene mit Legasthenie Eindrücke verarbeiten, kann langsamer sein. Das Schreiben und Lesen erfolgt in eigener Geschwindigkeit. Zeitgebundene Arbeiten verursachen Stress, dies wiederum verursacht Fehler. Die schlechtere Worterkennung ist verbunden mit dem schlechteren Kurzzeitgedächtnis. Manche legasthene Menschen erreichen deshalb nie die komplette Automatisierung in der geschriebenen Sprache. Diese Automatisierung kann mit dem Vergleich erklärt werden, Radfahren zu erlernen. Legasthene Menschen können für gewöhnlich nicht vollautomatische Leser werden. Sie müssen deshalb öfters zu früheren Grundsätzen zurückkehren. Organisatorische Fertigkeiten beeinflussen positiv alle Lebensbereiche. Viele legasthene Menschen können aber auch mit Zeitproblemen zu kämpfen haben, was oftmals Probleme am Arbeitsplatz bringt.

4. Legasthene Menschen bringen widersprüchliche Leistungen

⇨ im mündlichen und schriftlichen Bereich
⇨ in unterschiedlichen Fachbereichen
⇨ zwischen Lesekorrektheit und Leseverständnis
⇨ zwischen Können und Leistungsumsetzung

Anmerkungen:
Die am häufigsten vorkommende Diskrepanz sieht man in einer mündlichen Präsentation und einem geschriebenen Bericht. Dies kann am Arbeitsplatz Verwirrungen verursachen, wenn ein Angestellter eine hervorragende Präsentation hält und diese dann schriftlich niederlegen muss. Die schlechte schriftliche Qualität der Arbeit wird häufig als Faulheit interpretiert. Wegen den Diskrepanzen in verschiedenen Fachbereichen benötigen legasthene Menschen eine beratende Unterstützung bei der Berufswahl. Eine große Rolle spielt auch das mitunter schlechte Leseverständnis. Der Text wird zwar scheinbar gut gelesen, dabei werden aber lediglich die Wörter identifiziert, und damit kommt es zur falschen Textinterpretation.
Auch die Diskrepanz zwischen dem tatsächlichen Können und der erbrachten Leistung irritiert oft das Umfeld.

5. Unterschiede im Arbeitsstil

⇨ Verarbeitungsstil
⇨ Lernstil
⇨ Lernstrategien
⇨ Verarbeitungsgeschwindigkeit
⇨ Lernerfahrungen

Anmerkungen:
Legasthene Menschen verarbeiten Eindrücke anders als nicht-legasthene Menschen. Dies kann als Stärke angesehen werden. Sie zeichnen sich oft im Lösen von Problemen aus, weil sie anders denken. Firmen beginnen zu realisieren, dass es ein großer Vorteil ist, legasthene Menschen in ihrem Team zu haben. Legastheniker können sich angemessene Strategien aneignen, um mit ihren Schwierigkeiten umzugehen. Dieser Teilbereich des Vortrages ist besonders wichtig dafür, dass die Kollegen und auch Vorgesetzten erkennen, wie wertvoll ein legasthener Mitarbeiter ist und welche Bereicherung er sein kann. Ihren eigenen Lernstil zu entdecken, ist sehr wichtig für legasthene Erwachsene.

6. Diskussion

Unterstützung für Erwachsene mit Legasthenie am Arbeitsplatz

⇨ Welche Faktoren könnte man im Unternehmen als Hindernisse für eine gute Zusammenarbeit sehen?
⇨ Welche Arbeitsabläufe, Vorgehensweisen könnte man sich vorstellen, um damit die Arbeit des legasthenen Erwachsenen zu erleichtern?

Diskutieren Sie diese relevanten Fragen mit der Gruppe und schlagen Sie Unterstützungsmöglichkeiten vor.

Vom Leidensdruck zum Training und damit zum Erfolg

Schreiben und Lesen sind Grundvoraussetzungen, die ein Leben in unserer Gesellschaft erfordert. Wie schon erwähnt, sind Menschen, welche das weniger gut bis gar nicht können, von vielen alltäglichen Tätigkeiten ausgeschlossen und drängen sich damit selbst in die Isolation.

Man stelle sich nur die Angstzustände vor, die alleine dabei passieren, wenn der Briefträger läutet. Denn er könnte wieder einmal eine Sendung haben, deren Übernahme eine Unterschrift notwendig macht. Genau diese Leistung kann aber von Eva nicht erbracht werden. Sie ist, obwohl sie es wirklich versucht hat, nicht imstande sich zu merken, wie sie ihren Namen schreiben soll. Speziell ihr Nachname bereitet ihr Schwierigkeiten und ständig fehlt irgend ein anderer Buchstabe. Sie schämt sich auch, ein Gekritzel anstatt ihres Namens hinzuschreiben, denn dann hat sie den Eindruck, jeder würde es ihr an der Nasenspitze ansehen, dass sie eigentlich gar nicht weiß, was sie schreibt. Eines freut sie aber am Besuch des Briefträgers immer, er bringt so schöne Prospekte und Kataloge mit vielen Bildern, die sie wirklich gerne ansieht. Eva ist nun keineswegs dumm, sie hat nur in ihrer Kindheit keine Schule besucht und als Erwachsene kam sie in ein Land, wo man diese Fertigkeiten voraussetzt. Sie hat zwar in Windeseile die neue Sprache gelernt, aber es immer prächtig verstanden, die Problematik, dass sie nicht schreiben und lesen kann, aus Scham zu verbergen. Das hat sie sehr viel Energie gekostet. So krass diese Beschreibung auch anmutet, so realistisch ist sie aber. Nun hat sie sich dazu entschlossen und hat allen Mut zusammengenommen, sich einem nahestehenden Menschen anvertraut, um etwas gegen das ständig schlimmer werdende unangenehme Gefühl zu unternehmen. Sie ist fest dazu entschlossen, das Schreiben und Lesen zumindest in den Grundzügen zu erlernen. Leicht ist es nicht, denn man hat bei ihr nun auch eine legasthene Anlage entdeckt, diese macht die Sache noch ein wenig schwieriger. Doch nach und nach macht sie Fortschritte und freut sich darüber sehr. Sie kann nun schon alle Buchstaben erkennen und plötzlich sagen ihr diese Zeichen auch etwas. Es gelingt ihr auch immer besser, ihre Gedanken fest im Griff zu haben, wenn sie mit Buchstaben zusammentrifft. Viel Übung und ihr ungebrochener Wille bringen sie weiter. Langsam beginnt sie sich am Computer zurechtzufinden. Von dem ist sie bald nicht mehr wegzubringen. Der Besuch des Briefträgers schreckt sie nun nicht mehr, mit den Prospekten und Katalogen hat sie aber noch immer Spaß beim Durchstudieren. Jetzt kann sie auch schon lesen, was bei den Bildern steht, wenn auch nicht sehr schnell. Sie strebt aber an, sich noch zu verbessern, und die Menschen, die ihr dabei helfen, geben ihr sehr gute Chancen.

Nun gibt es aber Betroffene, die sich in keinster Weise auf diesem niederen Label befinden und dennoch unzufrieden mit ihren Leistungen beim Schreiben und Lesen sind. Viele glauben schon, dass ein hoher Schweregrad vorhanden ist, wenn sie zwar schreiben und lesen können, dabei aber viele Fehler machen. Natürlich kommt es immer auf die Anzahl der Fehler an.

Thomas war zwar nie ein Genie im Rechtschreiben, noch weniger im Lesen, doch hat er sich mit viel Mühe und Ehrgeiz einen Universitätsgrad erarbeitet. Er hat auch, wie er selbst sagt, im Leben alles erreicht, was man mit Geld kaufen kann. Doch seine Schwierigkeiten im Schreiben und besonders im Lesen sind geblieben. Die Tatsache ärgert ihn, dass er einfach sehr sehr rasch beim Lesen ermüdet. Er bekommt richtiggehend Zustände wie Schweißausbrüche, so nimmt er an, vor lauter Anstrengung, die Zeilen beginnen plötzlich zu verschwimmen, die Buchstaben hüpfen und drehen sich, Kopfschmerzen sind angesagt. Weil er sich aber damit nun nicht mehr abfinden will, sucht er Hilfe. Ein Spezialist zeigt ihm, wie auch er längere Zeit lesen kann, ohne dass die oben genannten unliebsamen Begleiterscheinungen eintreten. Er bedient sich des Leseprogramms am Computer, welches in diesem Buche beschrieben wird. Nun ist viel Übung angesagt und beinhartes Arbeiten, um seine alten Gewohnheiten zu eliminieren. Es geht von Tag zu Tag besser und er hat richtiggehend Spaß daran. Als Nächstes will er daran gehen, sich auch im Schreiben gezielt zu verbessern.

Grundsätzlich wird die Legasthenie in drei Schweregrade eingeteilt, die leichte, die mittelschwere und die schwere Form, wobei eine eher geringe Prozentanzahl an der schweren oder auch literalen Legasthenie leidet. Die größte Anzahl ist im Bereich der leichten Legasthenie zu suchen. Der Begriff leichte Legasthenie ist vielleicht etwas irreführend. Auch diese häufigste Form ist nicht „leicht" in den Griff zu bekommen und setzt auch ein intensives, individuelles Training voraus. Am einfachsten ist es so zu erklären, dass, je schwerer man betroffen ist, desto länger auch Interventionen dauern werden. Muss man, so wie bei Eva, bei einem Training mit dem Erlernen der Buchstaben beginnen, so ist völlig basal wie bei einem Grundschulkind, das die erste Schulstufe besucht, zu starten. Sind dagegen Grundkenntnisse vorhanden, kann die Basis übersprungen werden.

Noch einmal soll an dieser Stelle erwähnt werden, dass eine Unzufriedenheit des Betroffenen mit der Istsituation unbedingt vorhanden sein muss. Ein Leidensdruck muss verspürt werden, der den doch recht großen Aufwand einer Verbesserung rechtfertigt. Man sollte sich auch ganz klar darüber sein, dass es einfach von Vorteil ist, wenn man schreiben und lesen kann, ohne dabei gravierende Schwierigkeiten zu haben.

Der erste Schritt, den ein Betroffener zu setzen hat, ist nun der unbedingte Wunsch einer Verbesserung des Istzustandes.

Der zweite Schritt wird sein, dass man sich darüber klar wird, ob ein Spezialist für das Training hinzugezogen wird und in welcher Form dies passieren soll, wobei es in jedem Falle ratsam ist, am Beginn des Trainings ein Betratungsgespräch mit einem Fachmann zu führen. Er hat nicht nur die Aufgabe, dem Betroffenen sehr genau die Hintergründe seiner jeweiligen individuellen Problematik zu erläutern, sondern kann auch einen individuellen Trainingsplan erstellen, nach dem dann entweder gemeinsam oder mit einem Menschen, der einem helfend zur Seite steht, trainiert werden wird. Natürlich kann man anhand der ausreichend in diesem Buch angebotenen Materialien auch selbst beginnen. Doch wird es sicherlich alleine mühsamer sein als mit fachlicher Unterstützung.

Die Anamnese

Der Trainer, der zum Betroffenen unbedingt eine gute Vertrauensbasis aufbauen muss, sollte diesem erklären, warum die Frage, bin ich ein Legastheniker oder habe ich eine erworbene Lese-Recht-schreibschwäche, in seinem Alter keine besondere Relevanz mehr für die künftigen Interventionen hat, denn in beiden Fällen muss sich der Betroffene im Training mit den Fehlern, die er beim Schreiben und/ oder Lesen macht, auseinandersetzen und die Auswirkungen der eventuell zeitweise auftretenden Unaufmerksamkeit in den Griff bekommen.
Anhand der erstellten Anamnese und der Fehleranalyse wird aber die Frage vom Trainer beantwortet werden können. Die Ursachen, weshalb eben der Betroffene nicht oder schlecht lesen und/ oder schreiben kann und warum aber es notwenig ist, zumindest

Mindestkenntnisse in unserer Gesellschaft zu besitzen, soll in dem Beratungsgespräch ausführlich diskutiert werden. Dies ermöglicht dem Betroffenen eine grundsätzliche Aufarbeitung der Problematik und hat sich für ein erfolgreiches Training immer als positiv herausgestellt.

In der Anamnese oder in einem etwaigen Beratungsgespräch sollen genau und ganz offen und ehrlich, sowohl allgemeine Hinweise aus der Schulzeit wie auch spezielle Bereiche, was man kann und was man nun nicht so gut kann, analysiert werden. Dabei sollte der Betroffene Offenheit und auf keinen Fall Scham oder Scheu zeigen, denn das Bewusstsein soll hier wirklich gegenwärtig sein, dass er mit seiner Problematik bei weitem nicht alleine dasteht, sondern dass tatsächlich eine stattliche Anzahl von Menschen davon betroffen ist. Derartige Gespräche haben sich auch schon oft als Aufarbeitung der nicht sehr erfreulichen Schulzeit erwiesen. Betroffene sind sehr dankbar, endlich auf einen Menschen zu treffen, der weiß, warum sie eben so sind, wie sie sind, und der garantiert nicht vorwurfsvoll reagiert oder sich gar über ihre Probleme lustig macht.

Der allgemeinen Anamnese sollte unbedingt eine spezielle folgen. Die folgende Liste soll ein Anamnesegespräch allgemein und bezüglich der Erörterung der Symptomatik unterstützen. Zumeist sind nicht immer beide Gebiete, das Scheiben und das Lesen, in gleicher Weise betroffen.

Allgemeine Anamnesefragen:

⇨ Gibt es Familienmitglieder, welche Schreib- und/ oder Leseprobleme haben?

⇨ Gab es in der Grundschulzeit Schwierigkeiten beim Erlernen des Schreibens?

⇨ Gab es in der Grundschulzeit Schwierigkeiten beim Erlernen des Lesens?

⇨ Gab es auch im Rechenbereich Probleme?

⇨ Gab es Schwierigkeiten beim Erlernen des Einmaleins?

⇨ War die Grundschulzeit geprägt von einer Abneigung gegen das Schreiben?

⇨ War die Grundschulzeit geprägt von einer Abneigung gegen das Lesen?

⇨ Dauerten die Schwierigkeiten auch nach der fünften Schulstufe an?

⇨ Dauert diese Abneigung noch immer an?

⇨ Kam es in der Grundschulzeit beim Schreiben und/ oder Lesen zu vermehrter Kritik von Seiten der Lehrer?

⇨ Vermehrtes Schreiben- und/ oder Lesenüben brachte nur mehr Frust und keine merkbaren Erfolge?

⇨ Wurde die Geschwindigkeit, mit der geschrieben und/ oder gelesen wurde, kritisiert?

⇨ Kam es beim Buchstabieren häufig zu Fehlern?

⇨ Passieren Zahlenverwechslungen wie etwa 95 und 59?

⇨ Besteht für technische Bereiche ein besonderes Verständnis?

- ⇨ Besteht für künstlerische Bereiche eine besondere Begabung?
- ⇨ Ist das Zeitgefühl oder die Zeitberechnung schlecht ausgebildet?
- ⇨ Werden Verabredungen vergessen?
- ⇨ Ergeben sich Schwierigkeiten beim schnellen Aufzählen der Monate des Jahres?
- ⇨ Passiert es beim Telefonieren öfters, dass beim Wählen die Nummern durcheinandergeraten?
- ⇨ Besteht Mühe, Telefonnachrichten korrekt weiterzugegeben?
- ⇨ Wird das Ordnungsgefühl von den Mitmenschen beanstandet?
- ⇨ Gibt es Probleme mit Richtungsbezeichnungen?
- ⇨ Gab es im Kleinkindalter beim Sprechen Schwierigkeiten?
- ⇨ Gab es im Kleinkindalter im motorischen Bereich Auffälligkeiten?
- ⇨ Beobachtet man, dass die Gedanken zumeist schneller sind als das Handeln?
- ⇨ Beobachtet man beim Schreiben und/ oder Lesen, dass die Gedanken verstärkt zu anderen Dingen abschweifen?
- ⇨ Nachdem die Gedanken abgeschweift sind, ist die Rückkehr zu der Tätigkeit des Schreibens und/ oder Lesens schwierig?

⇨ Beobachtet man, dass das Schreiben und/ oder Lesen an manchen Tagen besser geht, dann wieder schlechter?

⇨ Kann man mehrere Tätigkeiten gleichzeitig (fernsehen, einem Gespräch zuhören) ausführen?

⇨ Verliert man beim Schreiben und/ oder Lesen schnell die Geduld, während man sich mit anderen Tätigkeiten sehr vertieft beschäftigen kann?

⇨ Ist die Beschäftigung mit dem zu Schreibenden und/ oder dem zu Lesenden als oberflächlich zu bezeichnen?

⇨ Ist beim Schreiben und/ oder Lesen ein spürbares Unbehagen vorhanden?

⇨ Versucht man das Schreiben und/ oder Lesen zu vermeiden?

⇨ Lebt man ständig in der Angst schreiben und/ oder lesen zu müssen?

⇨ Bereitet das Ausfüllen von Formularen Schwierigkeiten?

⇨ Machen die Vorurteile der Menschen gegenüber Personen, die Schreib- und/ oder Lesefehler machen, Probleme?

⇨ Bekommt man aber oftmals für Tätigkeiten, die nicht mit dem Schreiben und/ oder Lesen zusammenhängen, von den Mitmenschen ein großes Lob?

Schreiben:

⇨ Gibt es Probleme beim Erkennen der Buchstaben?

⇨ Werden Worte beim Abschreiben fehlerhaft geschrieben?

⇨ Werden Worte beim Ansagen fehlerhaft geschrieben?

⇨ Werden beim Schreiben Buchstaben ausgelassen oder hinzugefügt?

⇨ Wird die Durchgliederung eines Satzes fehlerhaft gemacht?

⇨ Wird die Groß- und Kleinschreibung fehlerhaft geschrieben?

⇨ Entstehen Fehler durch die falsche Anwendung der Dehnung und Schärfung?

⇨ Werden harte und weiche Konsonanten verwechselt?

⇨ Schweifen die Gedanken beim Schreiben ab?

⇨ War die Schreibfertigkeit zu einem anderen Zeitpunkt besser?

⇨ Bewirkt das Schreiben generelles Unbehagen?

⇨ Bewirkt das Schreiben körperliches Unbehagen?

Lesen:

⇨ Gibt es Probleme beim Erlesen der Buchstaben?

⇨ Gibt es Probleme, die Buchstaben zu einem Wort zusammenzuziehen?

⇨ Werden nur die Wörter des Textes identifiziert?

⇨ Gibt es Probleme, den Inhalt des Gelesenen zu verstehen?

⇨ Wird zu oberflächlich gelesen und ergeben sich daraus die Fehler?

⇨ Schweifen die Gedanken beim Lesen ab?

⇨ Werden beim Lesen Buchstaben ausgelassen oder hinzugefügt?

⇨ Werden beim Lesen ganze Worte ausgelassen?

⇨ Werden ähnliche Worte beim Lesen verwechselt?

⇨ War die Lesefertigkeit zu einem anderen Zeitpunkt besser?

⇨ Bewirkt das Lesen generelles Unbehagen?

⇨ Bewirkt das Lesen körperliches Unbehagen?

Sollten mehr als die Hälfte der Fragen mit JA beantwortet worden sein, so ist davon auszugehen, dass der Befragte eine legasthene Erbanlage oder eine erworbene Lese-Rechtschreibschwäche hat.

Die Fehleranalyse

Anhand von Schriftproben aus der Grundschulzeit oder Schriftproben bis zur neunten Schulstufe ist eine grundsätzliche Fehleranalyse zu erstellen. Sind keine Unterlagen mehr vorhanden, etwa Schul- oder Hausübungshefte, so muss diese nach Angaben des Betroffenen erstellt werden.
Die Planung des Symptomtrainings sollte aber anhand von aktuellen Schreib- und/ oder Leseübungen geschehen.
Es hat sich bewährt, dass man Testdiktate aus Zeitungsartikeln mit Tagesthemen nimmt, die etwa 100-150 Wörter umfassen. Zu achten ist darauf, dass diese alle relevanten Rechtschreibthemen wie Groß- und Kleinschreibung, Dehnung, Schärfung, harte und weiche Konsonanten, etc. enthalten und dass sie einfach und verständlich sind. Leseproben sind auch mittels leichteren Texten durchzuführen.

Nach dem Anamnesegespräch und der Fehleranalyse kann von einem Legastheniespezialisten ein pädagogisches Gutachten erstellt und auch in schriftliche Form gebracht werden, siehe unten.

Pädagogisches Gutachten

Das am XX.XX.XXXX mit Frau (Herrn) XXXXX XXXXX, geb. XX. XX. XXXX, geführte Anamnesegespräch sowie die Analyse der Fehlersymptomatik zeigt, dass Frau (Herr) XXXXX sich in der unspezifischen Phase der Restsymptome einer Legasthenie befindet.

Durch die differenten Sinneswahrnehmungen und der zeitweise auftretenden Unaufmerksamkeit beim Schreiben und Lesen können nicht immer Standardleistungen im Rechtschreib- und Lesebereich erbracht werden.

Es sollen Übungen zur Aufmerksamkeitsverbesserung und in den speziellen Bereichen der Symptomatik (Groß-/ Kleinschreibung, Dehnung/ Schärfung, harte/ weiche Konsonanten, Wortdurchgliederung, Satzdurchgliederung, etc.) durchgeführt werden.
Bei schriftlichen Arbeiten sollte besonders der Inhalt, der Ausdruck und die Sprachrichtigkeit berücksichtigt und erst an letzter Stelle die Schreibrichtigkeit bewertet werden.
Es sollte auch nach Möglichkeit die mündliche Prüfungssituation bevorzugt werden.

Das Training kann beginnen

Der dritte Schritt ist der Beginn eines gezielten individuellen Trainings. Es hat sich bewährt, dafür eine Grobplanung mit einer zeitlichen Zielsetzung zu entwerfen. Die vorliegenden Listen können dazu als Grundlage dienen. Diese wird natürlich von Fall zu Fall unterschiedlich sein. Nicht zuletzt kommt es auch darauf an, wie viel Zeit der Betroffene in das Training investieren kann und möchte. Es wird für die meisten kaum möglich sein, dieses Training als neuen und einzigen Lebensmittelpunkt zu sehen. Diese Grobplanung darf aber jederzeit erneuert bzw. verändert werden. Die Fortschritte sind bei jedem unterschiedlich. Manche Teile des Trainings werden als leichter, manche als schwerer empfunden. Generell lassen sich auch von Trainern mit sehr viel Erfahrung keine Aussagen darüber machen, wie lange ein Training dauern wird. Es wird bei dem zeitlichen Ausmaß auch auf individuell verschiedene Vorgangsweisen ankommen. Trainiert der Betroffene mit einem Vertrauten und einem Trainer, trainiert er ausschließlich mit einem Trainer, wie groß ist seine komplette Eigenleistung, beispielsweise am Computer oder mittels DVD.
Das Training wird aus zwei wichtigen Teilen bestehen. Bei Menschen, welche die Buchstabensymbole beherrschen, wird zuerst ein gezieltes

Training der Aufmerksamkeit in den Vordergrund rücken. Hat der Betroffene diese realisiert und ist er imstande, die Aufmerksamkeitsprojektion auf Buchstabensymbole vermehrt und gezielt einzusetzen, so wird man sich dem speziellen Symptomtraining, also dem Training in den Gebieten des Schreibens und Lesens, welche Schwierigkeiten bereiten, zuwenden.
Bei Menschen, welche die Buchstabensymbole erst basal erlernen müssen, wird dieser Teil zuerst in Angriff genommen werden. Eine intensive Erarbeitung der Buchstaben muss stattfinden. Gleichzeitig sollte aber auf die ausreichende Aufmerksamkeit bei der Beschäftigung mit Buchstabensymbolen geachtet und wertgelegt werden.

Allgemeine Tipps für das Training

Bei Erwachsenen gibt es eigentlich keine allgemein gültigen Richtlinien, wie oft ein Training stattfinden soll. Bei Kindern ist die Gefahr der Überforderung wesentlich größer. Es kommt auf die verschiedenen Voraussetzungen an wie z.B. die Dringlichkeit. Auch der Umfang der jeweiligen Trainingseinheit kann schwanken. Es haben sich aber Sequenzen von fünfzig Minuten bewährt. Auch die Menge des Lernstoffes muss auf die jeweiligen Voraussetzungen abgestimmt werden. Wiederholungen sollen als Fixpunkt im Trainingsplan eingebaut sein. Diese Vertiefungen sind von großer Bedeutung, weil nur durch die Wiederholung ein dauerhaftes Wissen, welches sich im Langzeitgedächtnis befindet, gewährleistet werden kann. Oberflächlichkeiten sollen unbedingt vermieden werden.
Hat man sich einmal mit der Thematik gründlich auseinandergesetzt, so sollte man selbstbewusst und so gestärkt aus einem Beratungsgespräch hervorgehen, dass man, wenn schon nicht die Abneigung gegen das Schreiben und Lesen abgelegt werden kann - dies wird einem Menschen, welcher Schreib- und Leseprobleme hat, wohl nie völlig gelingen - so

doch hoffnungsvoll in die Zukunft blicken kann. Diese Haltung sollte nicht unterschätzt werden. Allen Gram gegenüber sich selbst und anderen, die man vielleicht für die eigene missliche Situation verantwortlich macht, einfach hinter sich lassen und einen neuen Start wagen. Damit ist schon ein sehr positiver und notwendiger Schritt nach vorne getan. Ohne positive Einstellung wird sich eine Verbesserung des Zustandes mit Sicherheit nicht verwirklichen lassen. Noch einmal, ein wichtiger Schritt für den Betroffenen ist auch die völlige Akzeptanz seiner legasthenen Probleme. Dieser entscheidende Schritt darf nicht unterschätzt werden! Grundsätzlich sollte das Schreiben und das Lesen nun bewusster abgehandelt werden. Alle Oberflächlichkeiten im Zusammenhang mit den Kulturtechniken, die sich so gerne bei Menschen mit legasthenen Zügen breit machen, sollten ganz bewusst und strikt vermieden werden. Dies wird allerdings am Anfang mehr Zeit in Anspruch nehmen, doch verbessert sich die Situation bald merklich. Es ist erstaunlich, wie viel eine erklärende Unterhaltung mit einem Spezialisten hier schon bewirken kann. Voraussetzung ist natürlich, dass der Betroffene sich damit auch wirklich auseinandersetzt, zuhört und den Ausführungen Glauben schenkt. Es gibt nämlich auch legasthene Menschen, die äußerst skeptisch sind und am liebsten den Kopf in den Sand stecken würden, um einerseits davon nur nichts zu hören, andererseits sind sie aber mit dem Istzustand nicht zufrieden. Sie sind bisweilen auch sehr ungläubig, weil sie ständig fürchten, abermals als dümmlich hingestellt zu werden. Schlechte und frustrierende Erfahrungen machen Betroffene im Laufe ihres Lebens ja genügend. Geht man der Sache auf den Grund, so stellt sich dies tatsächlich in den meisten Fällen heraus. Von „Spezialisten" wurde ihnen gesagt, dass sie Teilleistungsstörungen oder Teilleistungsschwächen haben. Erklärungen fehlten, in ihrem Elend und Zweifel wurden sie alleine gelassen. Wie oft haben sich Betroffene dadurch jahrelang nie mehr getraut, jemandem um Rat zu fragen, um sich eben nicht der Gefahr auszusetzen, sich wieder zu „outen". Dies sollte aber nun endlich vorbei sein!

Die Relevanz der Aufmerksamkeit

Kommen wir aber nun zum wahrscheinlich wichtigsten Teil des Trainings, dem Aufmerksamkeitstraining, auch Copingstrategie genannt. Wird dieser Teil schlecht oder oberflächlich behandelt, so werden sich unter Garantie in den Symptomatiken keine Verbesserungen ergeben.

Wie schon erwähnt, ist es für den legasthenen Menschen äußerst schwer, wenn er sich mit Buchstabensymbolen auseinandersetzen muss, also beim Schreiben und beim Lesen seine Gedanken bei der Sache zu halten und dabei zu bleiben. Es liegt in der Natur des legasthenen Menschen, sobald er zu schreiben oder zu lesen beginnt, gleichzeitig abzuschalten oder an andere Dinge zu denken. Das Schreiben und Lesen wird damit in den Hintergrund gedrängt und automatisch abgehandelt, dabei ergeben sich dann, neben anderen Unannehmlichkeiten, die sogenannten Wahrnehmungsfehler. Dies gilt es nun bewusst zu verhindern. So leicht dies auch klingt, so schwer ist die Durchführung in der Praxis, denn diese Übung muss ständig gegen das natürliche Empfinden des legasthenen Menschen stattfinden. Es gilt ein neues Aufmerksamkeitsbewusstsein zu erlernen. Dies kann nur mit sehr viel Selbstdisziplin und starkem Willen geschehen. Dabei kann der Betroffene sich auch nur selbst helfen. Eine Vertrauensperson, die Erinnerungsarbeit leistet, kann dabei lediglich unterstützend wirken. Es gibt viele Beispiele von erwachsenen Legasthenikern, die sich ganz alleine diszipliniert haben und nun die Gedanken beim Schreiben und Lesen fest im Griff haben. Dadurch passieren nun wesentlich weniger Fehler. Von einem

Betroffenen wurde es beschrieben und dies ist so ein anschauliches Beispiel, dass es hier nicht fehlen sollte. Er meinte, dass die Gedanken auf der Sache (Schreiben und Lesen) zu halten ihn mindestens genauso viel Mühe bereitete, wie das Schwimmen zu erlernen. Wobei beim Schwimmenlernen seine Füße stets wieder zu Boden sanken und er sich erst nach Hunderten von Fehlversuchen plötzlich über Wasser halten konnte, so erging es ihm auch mit seinen Gedanken. Sie entwickelten stets ein Eigenleben, sobald er zu schreiben oder zu lesen versuchte. Nach Hunderten von Versuchen, die Gedanken bei der Sache zu halten, gelang es ihm schließlich. Der Erfolg drückte sich in einer deutlichen Fehlerverringerung aus, dabei hatte er mit dem Symptomtraining noch gar nicht intensiv begonnen. Plötzlich erschien ihm aber, nicht so wie früher, das Schreiben und Lesen als überwindbare Sache, es fiel ihm durch die Aufmerksamkeitskontrolle nun wesentlich leichter.

- ⇨ Die Tatsache sollte vom Betroffenen unbedingt erkannt werden, dass die Aufgabe, ein neues Aufmerksamkeitsbewusstsein beim Schreiben und Lesen zu erlernen, keine leichte Aufgabe ist.
- ⇨ Dass eine schwere und langwierige Arbeit dahinter steckt, bis der Durchbruch endlich geschafft ist. Unzählige Versuche sind notwenig!
- ⇨ Wichtig ist es vorerst, dass der Betroffene sich auch über die Notwendigkeit seiner vollen Aufmerksamkeit bewusst wird, und weiß, dass gleichzeitiges Denken und Handeln beim Schreiben und Lesen notwendig ist.
- ⇨ Kein Schreib- oder Lesevorgang sollte nunmehr ohne Einsetzen des vollen Aufmerksamkeitsbewusstseins passieren.
- ⇨ Auch Versuche, die fehlschlagen, müssen akzeptiert werden. Der Mensch ist nicht immer in der gleichen geistigen und körperlichen Verfassung.

⇨ Wichtig ist es aber, dass die Fehlversuche zum Weitermachen anspornen. Wer nach einigen Versuchen aufgibt, gibt damit sein gesamtes Vorhaben auf, seine Schreib- und Lesefertigkeit zu verbessern.

Die nun beschriebene grundsätzliche Einstellung zur „neuen bewussten Aufmerksamkeit" beim Schreiben und Lesen sowie die akribische Durchführung ist vorrangig wichtig, damit der legasthene Erwachsene sich sichererer und wohler im Umgang mit Buchstaben, Wörtern und Sätzen fühlen wird.

Beobachtungen haben gezeigt, dass sich nach längerer Zeit dieses Aufmerksamkeitsbewusstsein eines Tages anscheinend im Unterbewusstsein auch des legasthenen Menschen festsetzt und ab diesem Zeitpunkt das Gedankensammeln, wie bei nichtlegasthenen Menschen, automatisch zu funktionieren beginnt. Leider können dabei keine zeitlichen Angaben gemacht werden. Eines ist aber gewiss: dass dafür eine lange Trainingsphase Voraussetzung ist.
Unterstützen kann man das bewusste Gedankensammeln für Schreib- und Lesezwecke auch bei Erwachsenen durch dafür geeignete Übungen. Wobei man sofort einräumen muss, dass diese Übungen nicht von jedem Menschen als angenehm und unterstützend empfunden werden. Der einzige Weg, dies herauszufinden, ist aber, dass man verschiedene Übungen ausprobiert und die Wirkung ehrlich analysiert. Sollte man das Empfinden haben, dass die Übungen nicht den gewünschten Erfolg erzielen, also keine gute Unterstützung leisten, die Gedanken zu sammeln und diese auch beim Schreiben und Lesen halten zu können, sollte man sie auch nicht anwenden. Dann bleibt eben nur alleine die Unterstützung durch das Bewusstsein. Dieses Bewusstsein muss so oder so ständig bei Schreib- und Lesetätigkeiten präsent sein.

Übungen für eine Verbesserung der Aufmerksamkeit gibt es wie Sand am Meer. Zumeist werden sie auch als Konzentrations- oder Entspannungsübungen in unzähligen Publikationen veröffentlicht. Beinahe in jedem Haushalt sind solche Bücher auch vorrätig. Jederzeit ist es auch möglich, daraus Übungen zu entnehmen und auszuprobieren. Einige, die sich in der Arbeit mit erwachsenen Legasthenikern sehr bewährt haben, wurden speziell in diesem Kapitel zusammengefasst.

Übungen für die Aufmerksamkeitsverbesserung

Farbpunkt

Setzen Sie sich hin, schließen Sie die Augen und versuchen Sie sich völlig zu entspannen. Die Hände liegen seitwärts neben den Oberschenkeln und beide Beine sind geschlossen. Denken Sie an einen Punkt mit einer Farbe Ihrer Wahl, der sich langsam bildet und größer wird. Wenn er eine Größe erreicht hat, der als angenehm empfunden wird, versuchen Sie nun, die Gedanken auf diesen Punkt zu sammeln. Machen Sie die Augen auf und beginnen Sie, zu schreiben oder zu lesen.

Visualisieren

Visualisieren heißt, sich etwas bildlich vorzustellen. Kann man dies gut, so ist es ein Vorteil für ein intensives Arbeiten. Man wählt sich nun einen beliebigen Gegenstand aus, schließt die Augen und versucht diesen Gegenstand trotzdem klar zu sehen. Die Übung ist im Sitzen am leichtesten zu machen. Man soll das Bild des Gegenstandes vor sich haben und sollte möglichst viele Details „sehen": Farben etwa, die Lichteinwirkung, den Schatten, etc. Dies wiederholt man solange, bis man diesen Gegenstand jederzeit, auch mit offenen Augen vor sich hat, wenn man mit der Übung beginnt. Durch dieses Gegenstandvisualisieren werden die Gedanken zusammengesammelt und man beginnt mit dem Schreiben oder Lesen.

Pulsspüren

Setzen Sie sich hin und schließen die Hände, indem sich die Fingerkuppen berühren. Die Augen sind auf die beiden Daumen gerichtet. Indem man ganz bewusst das Pulsieren in den Fingerkuppen spürt, versucht man die Gedanken zu sammeln. So verharrt man etwa zehn Sekunden, anschließend beginnt man mit dem Schreiben oder Lesen.

Körperspüren

Eine weitere Möglichkeit, seine Aufmerksamkeitsfähigkeit zu steigern, beinhalten Übungen, welche man aus dem autogenen Training entnehmen kann. Der Begriff „autogen" kommt aus dem Griechischen und ist am besten mit „selbstentstehend" zu übersetzen.
Zu Beginn legt man sich entspannt auf den Rücken. Nachdem man mit der Übung begonnen hat, sollte man die Körperhaltung nicht mehr verändern.
Man beginnt damit, dass man versucht, sich nicht von außen stören zu lassen, man richtet seine Aufmerksamkeit nach „innen", auf sich selbst und die eigene Ruhe. „Ich bin ganz ruhig" und auch „Geräusche sind ganz gleichgültig".
Diese Übung dient der Muskelentspannung, man richtet seine ganze Aufmerksamkeit auf einzelne Gliedmaßen nacheinander, z.B. rechter Arm, linker Arm, rechtes Bein, linkes Bein usw. und fühlt wie sie sich entspannen und angenehm schwer werden. Erweitert kann die Übung damit werden, dass man sich vorstellt, wie der ganze Körper sich erwärmt.

Atemübung

Die Übung kann man im Sitzen oder im Liegen machen. Die Hände befinden sich am Brustkorb, die Augen sind geschlossen. Ganz bewusst spürt man nun das durch die Atmung bedingte Heben und Senken des Brustkorbes. Dabei versucht man die Gedanken zu sammeln. Die gesamte Übung sollte nicht länger als ein bis zwei Minuten dauern.

Herzschlagspüren

Diese Übung soll im Liegen gemacht werden. Die Hände liegen neben dem Körper, die Augen sind geschlossen. Nun widmet man sich ganz seinem eingenen Herzschlag. Man zählt bis sechzig, dabei werden die Gedanken gesammelt. Nach Abschluss der Übung tut ein ausgedehntes Dehnen und Strecken sehr gut.

Durchatmen

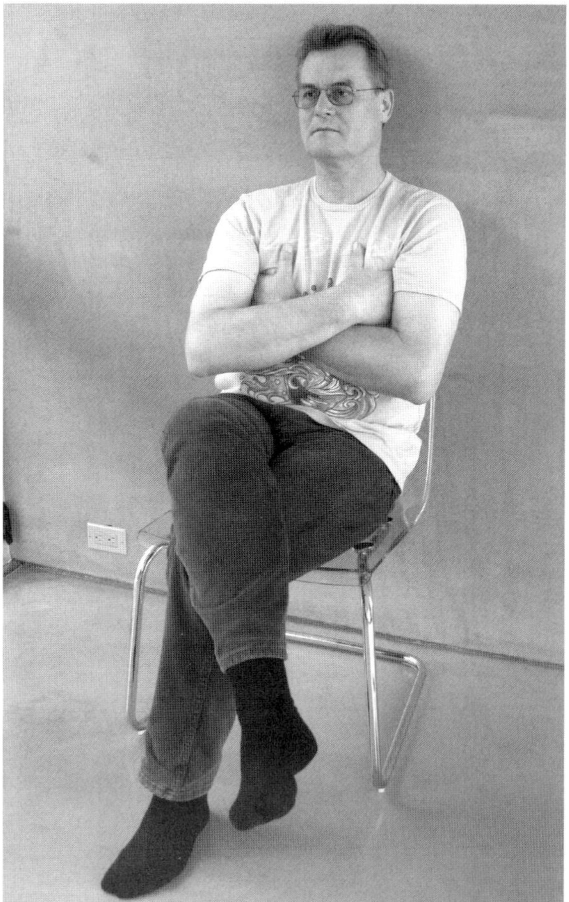

Man setzt sich auf einen Stuhl hin und schlägt die Beine übereinander. Dann werden die Arme überkreuzt, indem man die linke Hand unter die rechte Achsel und die rechte Hand unter die linke Achsel steckt. Man schließt die Augen und atmet einige Male tief durch und sammelt die Gedanken.

Händebaumeln

Im Sitzen hängen die Hände seitlich hinunter. Nun beginnen sie zu baumeln, indem eine Hand nach vor und die andere zurückbaumelt. Dabei fixiert man einen Gegenstand im Raum.

Druckpunkt

Man setzt sich auf eine Stuhlkante, die Füße sind zirka fünfzig Zentimeter voneinander entfernt. Die Oberschenkel sind nicht belastet. Man sitzt fest auf den beiden Sitzknochen. Die Hände drücken die Knie zusammen und die Knie drücken dagegen. So verharrt man einige Sekunden. Dann wird die Übung, je nach Bedarf, mehrmals wiederholt.

Fingerziehen

Die Schultern werden gelockert, der Nacken entspannt. Das Kinn ist dadurch leicht angezogen, der Kopf ist aufgerichtet und leicht nach vorne geneigt. Nun werden die Finger verschränkt und nach oben gezogen. Der Blick richtet sich dabei auf die Finger.

Luftmalen

Auch diese Übung aus dem Brain Gym hat sich zum Zwecke des Gedankensammelns bewährt. Man setzt sich aufrecht hin und fängt an, mit der rechten Hand eine liegende Acht in die Luft zu malen, wenn man Linkshänder ist, mit der linken Hand. Man soll darauf achten, dass man die Acht mit den Augen verfolgt.

Fernsicht

Man stellt sich an die Wand, ein Fuß berührt diese mit der gesamten Fläche. Dabei starrt man auf einen leeren Bereich auf der gegenüberliegenden Wand und schaut durch die Wand hindurch und stellt sich vor, was sich hinter der Wand befindet.

Geräuschehören

Man setzt sich auf einen Stuhl und schließt die Augen, ganz bewusst werden Geräusche wahrgenommen und gezählt. Dabei werden die Gedanken gesammelt.

Fingerzählen

Man setzt sich zu einem Tisch und stützt die Hände auf. Die Finger berühren die Stirne. Dann zählt man bis zehn und stellt sich dabei jeden einzelnen Finger vor, der auf der Stirne liegt.

Händedrücken

Die Hände werden gefaltet und zehnmal fest aneinandergedrückt. Dazwischen entspannt sich der Oberkörper. Die Augen müssen auf die Fingerspitzen gerichtet sein. Diese Übung kann man auch im Stehen machen.

Riesenübung

Man stellt sich auf die Zehenspitzen und macht sich ganz groß und sinkt dann wieder zusammen. Die Arme lässt man baumeln, bis der ganze Körper wieder in Ruhe ist. Die Übung kann mehrmals wiederholt werden, solange man sich wohlfühlt.

Fingerübung

Beide Hände werden auf den Tisch gelegt. Man hebt den kleinen Finger der rechten Hand und legt ihn wieder nieder, dann den Ringfinger der rechten Hand, usw. und zurück, bis alle Finger zweimal dran waren. Mit den Augen werden die Finger verfolgt. Dabei lassen sich die Gedanken sehr gut zusammensammeln.

60
Schläfenmassage

Die Übung kann im Stehen oder im Sitzen gemacht werden. Wird die Übung im Stehen gemacht, so soll man sich an eine Wand lehnen. Man gibt den Zeige- und den Mittelfinger der rechten und linken Hand leicht auf die Schläfen. Dann werden die Augen geschlossen. Nun macht man mit den Fingern kreisartige Bewegungen. Die Übung kann solange fortgesetzt werden, solange sie als angenehm empfunden wird.

Koordinationsübung I

Das Zusammenspiel der beiden Hirnhälften erhöht die Aufmerksamkeitsfähigkeit und damit auch das Leistungsvermögen. Meistens muss man, wenn man mit diesen Übungen beginnt, nachdenken, wie sie zu machen sind. Davon sollte man sich am Anfang nicht entmutigen lassen. Die Bewegungsabläufe lassen sich aber schnell automatisieren.
Stellen Sie sich nun aufrecht hin. Heben Sie Ihr rechtes Knie und berühren Sie mit Ihrem linken Ellenbogen dieses Knie. Dabei schwingt der rechte Arm nach hinten. Dann stellen Sie sich wieder aufrecht hin. Anschließend heben Sie Ihr linkes Knie und berühren es mit dem rechten Ellenbogen. Wiederholen Sie diese Übung mehrmals in Ihrem eigenen Tempo.

Koordinationsübung II

Versuchen Sie nun mit Ihrer linken Hand hinter Ihrem Rücken Ihre rechte Fußsohle zu berühren und umgekehrt. Ihrer Fantasie sind bei diesen Über-Kreuz-Übungen keine Grenzen gesetzt. Sie können die Übungen beliebig abwandeln. Das bringt Abwechslung und zusätzlichen Spaß.

Das Schreiben

Alphabet

Schreiben kann man nur, wenn einem die Buchstaben des Alphabets bekannt sind. Wo man nun mit den Übungen beginnt, hängt ganz von dem Stand des Betroffenen ab. Es wird bei einigen wenigen notwendig sein, ganz basal zu beginnen. Dies wird manchmal sogar bei der Erarbeitung der einzelnen Buchstaben beginnen. Die Erarbeitung sollte nach Möglichkeit auch bei Erwachsenen im dreidimensionalen Bereich geschehen. Mit Hilfe von Buchstaben, die man angreifen kann, wird das Alphabet Schritt für Schritt erarbeitet. Dies kann auch mittels dreidimensionaler Buchstaben am Computer geschehen. Es sollte vom legasthenen Menschen nicht als kindisch oder lächerlich, sondern notwendig empfunden werden, mit Buchstaben zu hantieren wie ein Grundschulkind. Dies setzt aber voraus, dass ihm nicht nur die Notwendigkeit, sondern auch die Wichtigkeit bewusst ist, warum dies zu geschehen hat. Dies liegt darin, dass legasthene Menschen eine wesentlich höhere Merkfähigkeit haben, wenn sie etwas angreifen können. Diese Tatsache sollte man sich schon bei der Erarbeitung des Alphabets zunutze machen.

Bei der Erarbeitung ist darauf zu achten, dass sofort mit dem zu erarbeitenden Buchstaben Wörter gebildet werden, also ein Bezug gesetzt wird.

Als Grundlage für diese basalen Übungen haben sich Schulbücher der ersten und zweiten Schulstufe als Vorlage bewährt. Wichtig ist es, systematisch beim Buchstabenerlernen vorzugehen. Dabei ist die Reihenfolge der Buchstaben wichtig.

Bewährt hat sich diese Reihenfolge, welche man als Vorlage benützen kann:

a i m o s e u r n d ei l w h t au ch h H a A au Au e E ei Ei l L w W n N t T s S m M d D r R g G f F o O i I u U k K b B ö Ö sch SCH a ä A Ä j J x X z Z eu Eu st St p P sp Sp pf Pf v V ß C c qu Qu y Y aa ee oo

Beispiel:

- ⇨ Der Buchstabe M wird erarbeitet.
- ⇨ Aus Knetmasse wird man ein M und ein m herstellen.
- ⇨ Wobei der Buchstabe, das große M, angegriffen, getastet und von allen Seiten betrachtet werden sollte.
- ⇨ Der Kleinbuchstabe m wird angegriffen, getastet und von allen Seiten betrachtet.
- ⇨ Die Buchstaben werden mehrmals benannt.
- ⇨ Dann wird man versuchen, Wörter zu nennen, bei denen das große M und das kleine m am Anfang steht.
- ⇨ Man wird Wörter gemeinsam suchen, die die Buchstaben enthalten.
- ⇨ Dann wird man Wörter finden, bei denen der Buchstabe am Ende steht.
- ⇨ Der nächste Schritt besteht darin, dass man den Buchstaben mit einem dicken Stift mehrmals aufschreiben lässt. Dabei sollen unbedingt Blätter mit Zeilen verwendet werden.
- ⇨ Wird der Buchstabe schon gut ausgeformt, kann man dann einen Bleistift benützen.

Dann wird das A und das a bearbeitet. Das M und das m werden wiederholt. Nun lässt sich bereits das erste Wort darstellen: Mama. Wieder und wieder wird das Wort geschrieben.

Und so fährt man fort, bis man die Buchstaben des Alphabets erarbeitet hat.
Es können hier keine Angaben über den Zeitraum gemacht werden, der benötigt wird, um das Alphabet zu erarbeiten, da wiederum die Unterschiede zwischen dem Buchstabenkönnen und dem Anwenden dieser unterschiedlich sein können. Sicher ist aber, dass es zumeist eine längerfristige Arbeit ist und keinesfalls von heute auf morgen geschehen wird. Bei der Durchführung all dieser Übungen soll nie auf die Wichtigkeit der Aufmerksamkeit vergessen werden. Denn nur wenn diese auch vorhanden ist, wird das Geübte langfristig verbleiben.

Grundwortschatz

Ist einmal das Alphabet erlernt, so kann man sich dem Grundwortschatz widmen. Eine Liste mit 680 Übungswörtern des Grundwortschatzes, eine Liste mit 330 Übungswörtern des Kernwortschatzes, die zusammen nach Bauer/ Rieder 75 Prozent des Geschriebenen ausmachen, und eine Liste der 120 häufigsten Fehlerwörter findet man im Anhang des Buches. Dabei soll man sich der Worterarbeitung bedienen. Diese setzt drei Schritte voraus.

Die Erarbeitung des Wortbildes: Das Wort sollte dreidimensional dargestellt werden. Erwachsene bevorzugen dafür besonders das Arbeiten am Computer. Die einzelnen Buchstaben und das Wort werden genau betrachtet, eingeprägt, mehrmals wieder auseinandergenommen und wieder zusammengesetzt, eventuell ertastet, mit geschlossenen Augen die Wortgestalt vorgestellt, das Wort in die Luft geschrieben, etc. Den Ideen, wie man ein Wort noch darstellen kann, sind dabei keine Grenzen gesetzt. Die Grundidee ist die, dass der legasthene Mensch sich dadurch die Wortgestalt nicht nur kurzzeitig merkt, sondern dass das Wort im Langzeitgedächtnis abgespeichert wird.

Die Erarbeitung des Wortklanges: Das Wort wird, indem man es betrachtet, ganz deutlich und langsam ausgesprochen und nachgesprochen. Man kann es buchstabieren oder lautieren. Man spricht das Wort ganz leise, man spricht das Wort sehr laut aus, man kann es auf- und abbauen oder auf einen Tonträger sprechen und wieder abhören, etc. Auch hier sind die Möglichkeiten schier unerschöpflich.

Die Erarbeitung der Wortbedeutung: Da nicht jedes Wort, das alleine steht, eine Bedeutung hat, muss auch die Wortbedeutung erarbeitet werden. Dies macht für den legasthenen Menschen insofern Sinn, dass er im Kontext durch die Erlangung der Bedeutung eines Wortes besser imstande ist, sich dies auch langfristig zu merken.

Beispiel: Das Wort „immer" hat, wenn man es alleine sieht und hört, keine Bedeutung. Erst im Kontext, also im Zusammenhang mit anderen Wörtern, erreicht es die Bedeutung. „Ich kann nicht immer guter Laune sein."

Auch bei der Worterarbeitung muss die völlige Aufmerksamkeit des legasthenen Menschen gewährleistet werden, ansonsten brauchen diese Übungen unendlich mehr Mühe und Zeitaufwand, das bis hin zu Frustration gehen kann.

Rechtschreibkapitel

Auf das Einstudieren von Grammatikregeln wurde in diesem Buch bewusst verzichtet, weil diese in den seltensten Fällen legasthenen Menschen Schwierigkeiten bereiten, sie werden von ihnen erlernt und auch zumeist verstanden. Häufig ziehen legasthene Schüler durch den Erfolg bei Grammatikarbeiten in der Schule den Kopf aus der

Schlinge. Sollte es aber in dem einen oder anderen Fall notwendig sein, auch die Grammatik von Beginn an zu erlernen, so muss man sich zusätzlich zu dem vorliegenden Übungsbuch eines systematisch aufgebauten Grammatikwerkes bedienen. Eine wertvolle Hilfe bietet auch diese Internetadresse: http://www.canoo.net

Am häufigsten aber sind legasthene Menschen anzutreffen, die zwar die Grammatik und die Grundzüge des Schreibens beherrschen, jedoch mit einzelnen Kapiteln der Rechtschreibung besonders zu kämpfen haben. Diese Kapitel sollen nun der Reihe nach besprochen werden. Eine Erklärung der Regeln wird erfolgen und im Anschluss werden dann Übungen gemacht. Die Lösungen zu den Übungen findet man im Anhang. Es ist darauf zu achten, dass das einzelne Kapitel ausreichend geübt wird, bevor man zum nächsten geht. Anschießend sind immer wieder Wiederholungen ratsam.

Groß- und Kleinschreibung

Hier die wichtigsten Regeln zusammengefasst:

Regel: Satzanfänge werden groß geschrieben.

Beispiel: Die Versicherungsprämie ist erhöht worden.

Regel: Nach Satzzeichen wie Punkt, Ausrufungszeichen, Fragezeichen schreibt man groß weiter.

Regel: Nach einem Doppelpunkt wird groß weitergeschrieben, wenn danach ein ganzer Satz oder eine wörtliche Rede kommt.

Beispiele:
Er sagte: „Der Krieg kann noch lange dauern!"
Anmerkung: Die Überprüfung muss jedes Jahr stattfinden.

<u>Regel:</u> Das erste Wort von Überschriften wird groß geschrieben.

Beispiel: Das Geisterschiff

<u>Regel:</u> Hauptwörter (Nomen) - Gegenstandsnamen (Konkreta = alles, was man angreifen, sehen, hören, riechen und schmecken kann) und Begriffswörter (Abstrakta = die Gedachtes benennen), dazu gehören Wörter, die auf –heit, -keit, -ling, -nis, -sal, -schaft, -tum, -ung enden, werden groß geschrieben.

Beispiele:
Gegenstandsnamen: Auto, Bruder, Computer, Dampfer, Ei, Flugzeug, Grafik, Haus, Karte, Lampe, Mutter, Ort, Rad, Schwester, Vater, Zug
Begriffswörter: Ärger, Himmel, Liebe, Luft, Krankheit, Kleinigkeit, Versäumnis, Schicksal, Machenschaft, Eigentum, Verschwendung

<u>Regel:</u> Zeitwörter (Verben) werden groß geschrieben, wenn ein bestimmter oder unbestimmter Artikel, ein Fürwort, ein Verhältniswort oder eine Beifügung vor ihnen steht.

Beispiele:
Bestimmte Artikel: das Schreiben, das Lesen, das Schreien, das Kommen
Unbestimmte Artikel: ein Schreien, ein Beben, ein Leuchten, ein Strahlen
Fürwörter: mein Kommen, ihr Lächeln, sein Gehen, dieses Wimmern

Verhältniswörter: beim Spielen, beim Rudern, beim Trinken
Beifügungen: dauerndes Schreien, langes Ringen, leises Rufen

Regel: Eigenschaftswörter (Adjektiva) werden groß geschrieben, wenn ein bestimmter oder unbestimmter Artikel, ein Fürwort, ein Verhältniswort vor ihnen steht.

Beispiele:
Bestimmte Artikel: das Schlimme, der Große, der Langsame
Unbestimmte Artikel: ein Verletzter, ein Blinder, ein Schlafender
Fürwörter: mein Lieber, dieser Blinde, ihr Kleiner, ihr Neuer
Verhältniswörter: im Kalten, im Warmen, im Stillen

Regel: Hauptwörter in Verbindung mit einem Vorwort oder Zeitwort werden generell groß geschrieben.

Beispiele: auf Grund, Rad fahren, Ski laufen, in Bezug auf

Regel: Bei Anrede in Briefen müssen die Fürwörter und die entsprechenden besitzanzeigenden Fürwörter, soweit sie die dritte Person bezeichnen, mit einem großen Anfangsbuchstaben geschrieben werden: Sie, Ihnen, Ihr, Ihre, Ihrer, Ihren, Ihrem, Ihrerseits, Ihretwegen.
Fürwörter: du, dir, dich, ihr, dein, euer, euch, eure, werden auch in Briefen klein geschrieben.

Regel: Leitet man von Hauptwörtern Umstandswörter ab, so werden diese klein geschrieben. Es kann vor diesen Wörtern kein Artikel stehen.

Beispiele:
abends, anfangs, angesichts, dank seiner..., falls, kraft des Gesetzes, mangels, mittags, morgens, bis morgen, namens, neuerdings, schlechterdings, seitens, sonntags, statt, tags zuvor, trotz, von weitem, bis auf weiteres, willens sein, zeit seines Lebens

Regel: Hauptwörter werden in festen Verbindungen mit Zeitwörtern klein geschrieben.

Beispiele:
mir wird angst und bange
er ist es leid
sie tut recht (richtig), wenn...
es ist schade
du bist schuld
er ist nicht willens
es hält nicht stand
sie gibt es nicht preis
daran nicht teilnehmen
pleite sein

Regel: Manche Wörter schreibt man klein, obwohl sie die Merkmale hauptwörtlichen Gebrauches aufweisen.

Beispiele:
der andere
alles andere
unter anderem
die beiden
beide
diese drei

der eine
ein jeder
jeder
mancher
manches
das meiste
am meisten
die meisten
die vielen
viele
in vielem
das wenige
nur wenige
um weniges
das wenigste
die wenigen
an die zwanzig
die zwei

Übungen Groß-, Kleinschreibung

Die Übungen befinden sich auch auf der beiliegenden CD-Rom, sie können ausgedruckt werden, damit das Original nicht beschrieben werden muss.

Die Texte werden durchgearbeitet, indem man die in Klammer stehenden Buchstaben in die korrekte Schreibweise setzt. Die Texte können auch als Ansagen benützt werden. Ansagen sollten, wenn möglich, zu zweit verbessert werden.

Übung 001

Wir müssen der (J/j)_ugend den Glauben an die Demokratie (W/w)_iedergeben. Das äußere (B/b)_ild von Parteien und Parlamenten genügt nicht, den Geist der Demokratie müssen wir in die (M/m)_assen hineingießen, die nicht verstehen, dass die (E/e)_igene Ansicht nur begrenzten (W/w)_ert hat. Uns einzuordnen in eine höhere Gemeinschaft, müssen wir lernen, nicht in dem (S/s)_inne, dass wir sklavisch einem Schlagwort (N/n)_achlaufen, mag es im (A/a)_ugenblick uns noch so gefangen nehmen, sondern dass wir uns bewusst werden, nur Teil des (G/g)_anzen zu sein. Wenn wir politisch mit andern Menschen um eine (N/n)_eue Form ringen, so nur als Gegner, nicht als (F/f)_einde.

Übung 002

Dieses (B/b)_ündnis, unterbaut durch dauernden Gedankenaustausch (M/m)_ilitärischer Stellen, gefestigt durch enge politische Bindung und gerüstet durch die (G/g)_emeinsame Kenntnis der Atomenergie und der in ihr schlummernden Kräfte der Zerstörung, wäre (A/a)_llerdings stark genug, jede nur (D/d)_enkbare Bedrohung des Weltfriedens zu beschwören. Als der zweite Weltkrieg zu Ende ging, verfügte Nordamerika (A/a)_llein über eine Kriegsflotte, die doppelt so stark war wie sämtliche übrigen Kriegsflotten der Erde zusammen; über eine Luftwaffe, (D/d)_ie doppelt so stark war wie sämtliche (S/s)_onstige Luftflotten der Erde zusammen, und über ein Rüstungspotential für das Landheer, das wiederum (D/d)_oppelt so stark war wie sämtliche Rüstungspotentiale der Erde außerhalb Amerikas zusammengenommen. Das ist die Macht, die auch in einem zukünftigen (K/k)_rieg hinter den (V/v)_ereinigten Staaten und seinen Bundesgenossen stehen (W/w)_ürde.

Übung 003

Wer (U/u)_nfair spielt, wer gewissenlos die (S/s)_pielregeln bricht oder verfälscht, den müssen wir ausmerzen, aber nicht, weil er anderer (M/m)_einung ist als wir, sondern weil er das faire Spiel böswillig stört. Nur diese Böswilligkeit jedoch kann Maßstab für (U/u)_nsere Einstellung sein, nicht die Meinung (O/o)_der Einstellung. So werden wir ihm zu seiner Verteidigung alle berechtigten Freiheiten (G/g)_ewähren, und ihn nicht verurteilen, ohne ihn gehört zu haben. Den Gegner, der uns offen entgegentritt, werden wir (G/g)_ewiss bekämpfen, um ihn zu überwinden, aber wir werden auf uns selbst achten, dass wir uns dabei nicht von (L/l)_eidenschaften innerlich vergiften lassen, die mit dem sachlichen (K/k)_ampf nichts mehr zu tun haben. (N/n)_ur so werden wir die Demokratie im (H/h)_erzen tragen, nicht nur ihren hohen Namen auf (D/d)_en Lippen führen.

Übung 004

Der Hintergrund, vor dem sich (H/h)_eute Weltpolitik abspielt, mag wohl manchem auch (B/b)_eherzteren (D/d)_unkel und wolkenverhangen erscheinen. Jede einzelne der eben kurz zusammengestellten (N/n)_achrichten birgt Gefahren in sich. Wer wollte die Augen davor verschließen? Wir sind eben erst einer (W/w)_elt entstiegen, die nur Kampf und Streit und Krieg zu (K/k)_ennen schien. (J/j)_ahrelang haben wir auf den (A/a)_ugenblick (G/g)_ewartet, da das süße Wort Frieden auf aller Lippen sein würde, da die Menschen einander wieder als Brüder, als Freunde, als Leidensgenossen im (G/g)_roßen gemeinsamen Ringen um Freiheit, Recht und Wahrheit entgegentreten würden. Wie sollen wir es ertragen, wenn (W/w)_ieder von Bündnissen, strategischen Erwägungen und (M/m)_achtansprüchen gesprochen wird?

Übung 005

Über Städtebau wird (V/v)_iel gesprochen, was Städtebau eigentlich sei, ist weitgehend unbekannt. (V/v)_iele meinen, er sei ein Mittel, um schönen Baugruppen, Plätzen, Parkanlagen, (D/d)_enkmälern und Fontänen zur Existenz zu verhelfen. Wer (W/w)_eiter denkt, wird auch Fabriken, Verkehrs- und (H/h)_afenanlagen nicht vergessen: Als störende Elemente, die man (A/a)_usklammern muss, sind sie zugelassen, denn in das Kunstwerk, (D/d)_as große architektonische Kunstwerk, der (S/s)_tadt passen sie nicht hinein. (D/d)_ies alles sind Missverständnisse. Städtebau ist keineswegs allein oder (I/i)_n erster Linie eine architektonische Aufgabe. Das Kunstwerk einer richtigen Stadtplanung entsteht aus dem (G/g)_leichberechtigten Zusammenwirken vieler verschiedenartiger Faktoren aus allen Gebieten der (T/t)_echnik und des Lebens.

Übung 006

Die Verbindungen von Hauptwörtern mit Zeitwörtern sollen in Sätzen angewendet werden. Diese Übung kann schriftlich und mündlich gemacht werden.

Abstand nehmen
Angst haben
Auto fahren
Bedacht nehmen
Bezug nehmen
Boot fahren
Dank schulden
Dank sagen
Einhalt gebieten

Flöte spielen
Folge leisten
Gefahr laufen
Geige spielen
Genüge tun
Halt bieten
Hand anlegen
Kahn fahren
Klavier spielen
Lügen strafen
Modell stehen
Not leiden
Nutzen bringen
Obdach geben
Platz greifen
Platz nehmen
Platz schaffen
Rad fahren
Radio hören
Rechnung tragen
Recht sprechen
Rede und Antwort stehen
Reißaus nehmen
Richtung weisen
Rodel fahren
Schaden nehmen
Schaden zufügen
Schicksal spielen
Schritt halten
Schuld tragen
Sorge tragen
Sturm laufen

Tau ziehen
Trotz bieten
Trübsal blasen
Verstecken spielen
Verzicht leisten
Wache halten
Wein trinken
Wort halten
Zigaretten rauchen

Übung 007

Die Eigenschaftswörter sollen zu hauptwörtlich gebrauchten Eigenschaftswörtern umgeformt werden. Dann wird mit den hauptwörtlich gebrauchten Eigenschaftswörtern je ein Satz gebildet. Diese Übung kann schriftlich und mündlich gemacht werden.

schön
undankbar
fleißig
fremd
erfreulich
lustig
schlecht
neu
alt
jugendlich
dumm
beste
wichtig
schwarz

einheimisch
gut
besonders
traurig
interessant
brauchbar

Übung 008

Die Zeitwörter sollen zu hauptwörtlich gebrauchten Zeitwörtern umgeformt werden. Dann wird mit den hauptwörtlich gebrauchten Zeitwörtern je ein Satz gebildet. Diese Übung kann schriftlich und mündlich gemacht werden.

pfeifen
berühren
rauchen
kochen
schwitzen
laufen
hupen
bremsen
bellen
schreien
schreiben
lesen
kühlen
einfrieren
schnattern
tanzen
trocknen

schleifen
prahlen
strahlen

Übung 009

Diese Sätze wurden aus Brieftexten entnommen. Gesucht werden die hauptwörtlich gebrauchten Fürwörter.

Wir ersuchen (S/s)_ie dringend, die bestellte Ware abzuholen.
Mir gefällt (D/d)_ein Ton, in dem (D/d)_u mit mir sprichst, nicht.
Ich wünsche (I/i)_hnen schönen Ferien und kommen (S/s)_ie gesund wieder.
Wann hatten (S/s)_ie (I/i)_hr Auto in der Werkstatt?
Wie (S/s)_ie aus den beigefügten Gutachten ersehen können, liegt der Fehler nicht bei uns.
Wir werden uns bemühen, (I/i)_hre Erwartungen zu erfüllen!
Dass (D/d)_u nach meinem Befinden fragst, freut mich sehr.
Mir geht (E/e)_uer Plan nicht mehr aus dem Kopf.
Ich freue mich, (E/e)_uch bald wieder zu sehen.
All das geht (D/d)_ich eigentlich gar nichts mehr an.

Übung 010

Niemand ahnte (T/t)_ags zuvor, dass er schon schwer krank war.
Heute weiß man, dass der Plan seit (L/l)_angem bestanden hatte.
Er wurde wegen (M/m)_angels an Beweisen freigesprochen.
Sie wurde von (K/k)_lein auf darauf vorbereitet.
Zu der Gedenkfeier waren die Leute von (N/n)_ah und (F/f)_ern gekommen.
Über (K/k)_urz oder (L/l)_ang war mit dem Zusammenbruch zu

rechnen.
Warum er (T/t)_ags zuvor nicht gekommen war, wusste sie auch nicht.
Bis auf (W/w)_eiteres wurde die Produktion eingestellt.
Die Lage spitzte sich (A/a)_ngesichts der Drohungen deutlich zu.
Man wusste, dass er (Z/z)_eit seines Lebens die Forderung nicht erfüllen wird.

Übung 011

Er gibt den Namen seines Komplizen nicht (P/p)_reis.
Du bist (S/s)_chuld, dass wir nun so verschuldet sind.
Er sagte, es sei um den Mann nicht (S/s)_chade.
Bei dem Gedanken wird mir (A/a)_ngst und (B/b)_ange.
Ich glaube, er ist es (L/l)_eid, immer wieder die gleichen Lügen zu hören.
Sie tut (R/r)_echt, wenn sie dir nicht mehr glaubt.
Anscheinend hält er dem Druck nicht (S/s)_tand.
Man hörte Gerüchte, dass die Firma (P/p)_leite sei.
Sie wollte von Anfang an nicht daran (T/t)_eilnehmen.
Ich glaube nicht, dass er (W/w)_illens ist, die Wahrheit zu sagen.

Übung 012

Er wünscht sich in seinem tiefsten _____ (Inneren, inneren), dass sie zu ihm zurückkommt.

Er gibt sich die _____ (Schuld, schuld) am _____ (Scheitern, scheitern) dieser wunderbaren Beziehung.

Sie ist sich nicht im _____ (Klaren, klaren) darüber, was jetzt geschehen wird.

Er hat das Gefühl, nicht _____ (Tatenlos, tatenlos) zusehen zu dürfen.

Der _____ (Eine, eine) geht, der _____ (Andere, andere) kommt.

Es ist _____ (ein Mal, einmal) etwas _____ (Anderes, anderes), Tee in der _____ (Früh, früh) zu trinken.

Die _____ (Beiden, beiden) können sich doch nie einig werden.

Kann _____ (Jemand, jemand) diesen Hund an die Leine nehmen?

Die Frau lehnte dankend ab und sagte: „Nein, danke, aber _____ (ein ander Mal, ein andermal) vielleicht."

Das gibt es doch nicht, _____ (das Selbe, dasselbe) ist mir gesterauch passiert.

Er sagte: „Ich möchte _____ (Sie, sie) bitten, mich zu begleiten."

Im _____ (Allgemeinen, allgemeinen) gesehen, ist das ja nichts _____ (Besonderes, besonderes).

Das _____ (Ganze, ganze) gefällt mir nicht.

Das _____ (Schlimme, schlimme) daran ist, dass sie jetzt ganz alleine ist.

„Danke fürs _____ (Wecken, wecken).

Das tut mir wirklich sehr _____ (Leid, leid).

Da wird mir aber _____ (Angst, angst) und _____ (Bange, bange).

Da hast du aber _____ (Unrecht, unrecht).

Er setzt einen Schlusspunkt unter das geistige _____ (Auf, auf) und _____ (Ab, ab) des Tages.

Es hat über _____ (Nacht, nacht) zu schneien angefangen.

Es regnet weiter, und es ist kein _____ (Ende, ende) in _____ (Sicht, sicht).

Kannst du jetzt bitte endlich _____ (Ruhe, ruhe) geben.

Im _____ (Großen, großen) und _____ (Ganzen, ganzen) ist das ja nichts _____ (Neues, neues).

Ich bin mir _____ (Ganz, ganz) und gar nicht sicher, ob ich zu diesem _____ (Treffen, treffen) gehen kann.

Sie ist die _____ (Einzige, einzige), die zu ihm hält.

Es ist ja immer wieder das _____ (Gleiche, gleiche) mit dir.

Sie sind der _____ (Nächste, nächste).

Der _____ (Einzelne, einzelne) ist nicht wichtig, nur die Gruppe.

Das _____ (Ganze, ganze) geht mir schon so auf die Nerven.

Der Tote hat nichts _____ (Geschriebenes, geschriebenes) hinterlassen.

Nach manchem _____ (Hin, hin) und _____ (Her, her) stimmte sie dem Vertrag zu.

Er hat nur _____ (Dank, dank) der Hilfe eines Bekannten den Job bekommen.

Du musst nur noch ein _____ (Paar, paar) Monate durchhalten.

Du bist der _____ (Schnellste, schnellste) von allen Läufern.

Sein schnelles _____ (Laufen, laufen) brachte ihn außer _____ (Atem, atem).

Dehnung und Schärfung

Sowohl die Dehnung als auch die Schärfung sind zwei Kapitel der Rechtschreibung, die manchen legasthenen Menschen besondere Mühe bereiten. Dies liegt vor allem daran, weil es Regelungen nur ansatzweise, aber vor allem zahlreiche Ausnahmen gibt.
Die Dehnung in der deutschen Rechtschreibung wird ausgedrückt durch:

- ⇨ ah, äh, eh, ih, oh, öh, uh, üh (Jahr, Kuh, stehlen, roh, lehnen, gähnen, ihn, verhöhnen, kühn)
- ⇨ langes ie, ieh, ier, ieren (Liebe, ziehen, Papier, spazieren)
- ⇨ Verdoppelung von Selbstlauten aa, ee, oo (Staat, See, Moor)

Der s-Laut wird durch drei verschiedene Schreibweisen dargestellt:

- ⇨ s (leise, Weise – das s wird summend gesprochen)
- ⇨ ss (hassen, verlassen – der Selbstlaut wird kurz, das ss zischend gesprochen)
- ⇨ ß (grüßen, Straße – der Selbstlaut wird lang, das ß zischend gesprochen)

das oder dass

als Artikel – das (das Kind, das Haus, das Fahrrad)

als Bindewort – dass (Ich weiß, dass du zuhause bist.)
kann man den Artikel durch „ein" oder das Fürwort durch „dieses" oder „welches" ersetzen, schreib man „das" (Ist dir das (dies) noch nie passiert? Das Kind, das (welches) ich gesehen habe, kommt mir bekannt vor.)

Übung 013

h oder nicht?

Keiner verste_t Gregors gute Absichten.

Der frü_er gebrechliche, alte Mann entpuppt sich als starkes Familienoberhaupt.

Er schei_nt i_r zu vertrau_en.

Sie hat i_r ganzes Leben mit dieser Lü_ge gelebt.

Eine frü_zeitige Entlassung hätte eine totale Umwä_lzung i_res Lebens bedeutet.

Er gibt sich die Schuld am Scheitern dieser Bezie_ung.

Michael erhoffte sich eine angene_me Lösung dieses Konflikts.

Die e_ema_ligen Wärterinnen der Anstalt werden wegen i_rem unkorrekten Verhalten zur Verantwortung gezogen.

Er hat das Gefü_l, nicht tatenlo_s zuse_en zu dürfen.

Die Lä_mung seines Arms behindert i_n se_r.

Das ge_t über kurz oder lang wieder auf Kosten des Steuerza_lers.

Die Politik sollte die Sicherheit der Staatsbürger gewä_rleisten.

Die Staatsverschuldung fü_rt nä_mlich zu einem Teufelskreis.

Die Regie_rungen agie_ren in einem viel zu großen Umfeld.

Stö_rend bei dieser Kurzgeschichte ist, dass sie zu verschie_denen Zeiten spielt.

Eigentlich hätte er das Vie_ verscheuchen sollen.

Die Empö_rung über diesen Zwischenfall war groß.

Sein Ho_n war wirklich unübertrefflich.

Seine Mie_ne erhellte sich, als er sie sa_.

Wa_rscheinlich hast du Recht.

Er schie_n überall von Blä_schen übersä_t zu sein.

Kannst du nicht endlich Ru_e geben?

Er erwi_dert i_re Annä_erungsversuche nicht.

Er möchte sie_ gerne wie_derse_en.

Er konnte seine Frei_heit wie_dergewinnen.

Er we_rte sich, diese Jacke anzuzie_en.

Die Garantie_ ist für den Staubsauger nicht me_r zu gewä_rleisten.

Ich kann dir die_se Bitte nicht gewä_ren.

Er war von i_r zie_mlich beeindruckt.

Sie hatte aber nur mä_ßiges Interesse an i_m.

Die Behö_rde verhindert seine Reise, indem sie_ i_m seinen Pass entzie_t.

Beim Skilau_fen fro_r sich das Mädchen fast zu Tode.

Es ist mir eine E_re, Sie kennen zu lernen.

Der Junge fü_lte sich nicht gut, so wurde er von der Schu_le nachhause geschickt.

Die Menschen flie_en vor den Bomben.

Übung 014

das oder dass?

Ich habe gehört, ___ es bald Krieg geben wird.

___ Mädchen, ___ dort an der Ecke steht, gefällt mir sehr gut.

Mir scheint, ___ müsste fürs Erste genügen.

___ ich die neue Stelle annehmen werde, ist noch nicht gewiss.

Es gehört sich nicht, ___ du immer wieder zu spät kommst.

___ es regnen wird, ist eher unwahrscheinlich.

Der Polizist behauptete, ___ ich zu schnell gefahren wäre.

Es ist nicht richtig, ___ er ständig in der Schule fehlt.

___ Stoppschild, ___ er soeben überfahren hatte, war schlecht zu sehen.

Sein Verhalten, ___ er an den Tag legt, finde ich beschämend.

Meine Mutter meinte, ___ wir noch genügend Zeit hätten.

Gestern passierte mir, ___ ich das Mädchen, ___ am Straßenrand stand, nicht sah.

___ es mit dem neuen Wagen Schwierigkeiten gab, wurde von der Lieferfirma sehr bedauert.

Sie hat nicht gedacht, ___ die Lieferung so schnell eintreffen wird.

___ ___ Mädchen das hinweisende Fürwort mit ss geschrieben hat, ___ war falsch.

Übung 015

das oder dass?

Ich habe erfahren, ___ wir drei neue Mitarbeiter bekommen.

___ Geschäft, ___ ganztägig geöffnet war, wurde nun für immer geschlossen.

___ Lied, ___ ich hörte, kam mir bekannt vor.

Es war eine falsche Anschuldigung, ___ ich nicht aufgepasst hätte.

Gestern sah ich meinen besten Freund nach langer Zeit wieder, ___ machte mich glücklich.

___ er mich besuchte, ___ war mir gar nicht recht.

Sie hoffte, ___ sich der schlimme Verdacht nicht bestätigen würde.

___ Wetter, ___ so schön war, hielt leider nicht den ganzen Tag.

Ich hörte, ___ ___ Kind weinte und ging zum Kinderwagen.

___ Pferd, ___ auf der Weide graste, kannte ich schon sehr lange.

Glück und Glas, wie leicht bricht ___.

___ das Verhalten der Autofahrer immer rücksichtsloser wird, ist traurig.

Ich hatte Glück, ___ die Explosion nicht direkt in meiner Nähe passierte.

___ hier die Einfahrt verboten ist, ___ wusste ich nicht.

Sie sagte mir, ___ die Zeit bereits abgelaufen war.

Übung 016

das oder dass?

___ Gefühl betrogen worden zu sein, ___ verließ mich nicht.

___ das Auto betankt werden muss, ___ war mir klar.

Der Krieg war die Ursache, ___ tausende Menschen getötet worden sind.

___ es zu schneien beginnt, ___ hofften alle in dieser Ferienregion.

___ Kind, ___ ich im Kinderwagen sitzen sah, kam mir bekannt vor.

Heute weiß ich, ___ er mich ständig belogen hat.

___ optimale Klima gibt es wohl nicht, ___ wurde mir bald klar.

__ ich zu wenig arbeite, ___ war wohl die falsche Behauptung.

___ das Schreiben und ___ Lesen eine schwierige Sache ist, ___ weiß ich nur zu gut.

___ Haus, ___ er mir gezeigt hatte, war aber unbewohnbar.

___ ___ Geld nicht reichen würde, hatte ich schon vermutet.

___ auch Pflichten mit seiner Position verbunden waren, ___ wollte er nicht akzeptieren.

Heute weiß ich, ___ der Umgang mit dem Mann unnütz war.

___die Geldtasche, welche ich gefunden hatte, so viel Geld enthielt, vermutete ich nicht.

___ hatte ich nicht gedacht.

___ habe ich gleich gesagt, ___ man so nicht weiter kommt.

Übung 017

das oder dass?

___ Telefon läutete so lange, ___ ich es noch schaffte, den Hörer abzunehmen.

Die schöne Füllfeder, ___ war mir klar, würde sehr teuer sein.

___ Buch, ___ ich mir am Flughafen gekauft hatte, las ich während des Fluges.

___ Foto, ___ er mir zeigte, hatte ich schon vorher gesehen.
Gestern sagte er mir, ___ er mich verlassen wolle.

Der Blutdruck war so hoch, ___ die Gesundheit gefährdet war.

___ Hotelzimmer, ___ ich betreten hatte, war sehr hübsch eingerichtet.

Die Zimmerpflanze war so schwer, ___ ich sie nicht allein verrücken konnte.

___ es heute noch regnen wird, war eigentlich vorausgesagt worden.

___ die Kinder nicht gut erzogen waren, ___ merkte man ständig.

___ mein Gesprächspartner nicht verstand, was ich sagte, ___ war mir nicht entgangen.

___ die Uhr vorging, ___ war mir noch nicht aufgefallen.

___ das Geschehen blankes Entsetzen bei ihr hervorrief, ___ konnte ich sehr gut verstehen.

Ich hatte immer geahnt, ___ es einmal soweit kommen würde.

___ ich sie liebte, ___ hatte ich ihr nie gesagt.

Übung 018

s, ss, ß

me__en, le__en, unerme__lich, lei__e, grü__en, drau__en, Hir__e, flie__en, Erb__e, e__en, In__el, gie__en, Bla__e, schie__en, genie__en, Ro__e, la__en, Do__e, fri__t, schlie__en, Blu__e, fre__en, Rei__e, me__bar, flei__ig, Be__en, Ku__, Fu__, sü__en, verge__en

Kai__er, bü__en, Pau__e, Wei__e, hä__lich, __pa__en, hei__er, bö__e, gewi__e, bei__en, Autobu__, verlä__lich, hei__, gro__, Geheimni__e, fre__bar, sü__, mä__ig, Atla__, wi__begierig, mü__ig, Ereigni__, Ha__, kü__en, Gefä__, wei__, pre__en, Me__band, Zeugni__, Schlu__

Spa__, Pa__, Gru__, Kürbi__, Fa__, Zirku__, Ro__, Begräbni__, Sto__, Ri__, Verhältni__e, Bi__, Regengu__, Strau__, Mi__brauch,

Va__e, wei__e, Au__gu__, ein bi__chen, Ver__chlu__, blo__, Apfelmu__, Fri__t, Kü__te, Mi__t, grie__grämig, fa__t, Schü__el, Ta__e, We__en

Läu__e, Li__t, rie__ig, al__, Dach__, fa__en, ei__ig, al__o, fa__t, ha__en, fe__t, ri__ig, lu__tig, mei__t, wi__en, stet__, ge__und, wa__, Ei__, Flei__, lang__am, Wa__er, Ei__en, Gan__, ein__chlie__lich, Ang__t, aufmerk__am, Li__te, befa__en, Haupt__ache

Fa__ung, Wi__en__chaft, mü__en, au__la__en, al__, unterde__en, __to__en, Auffa__ung, mei__ten__, bei__piel__, wei__e, vorle__en, be__onder__, vi__uell, Kongre__, Gro__britannien, verla__en, Ma__e, zula__en, __tra__e, bewu__t, we__entlich, Ho__e, Klo__ett, Se__el, Ver__icherung, Klo__, A__t, Gel__e

Übung 019

s, ss oder ß?

Wir la__en uns das Wochenende nicht durch das schlechte Wetter verderben.

Zum Schlu__ kam dann doch noch der Regen.

Er versuchte, den Ab__tand zur Mauer zu me__en.

Die Soldaten grü__en den Präsidenten zu seinem Geburtstag

Durch eine Li__t wurden die Beteiligten der Expedition zur Aufgabe gezwungen.

Beim Abschied gab er ihr einen Ku__.

Es waren haupt__ächlich die Männer in der Öffentlichkeit zu sehen.

Der Hund fri__t so schnell, dass man es kaum glauben kann.

In der Do__e befand sich eine ganze Mahlzeit.

Er legte einen gro__en Flei__ an den Tag, damit er in der Schule Erfolg hatte.

Lang__am begannen sich die Verhältni__e in der Stadt zu normalisieren.

Der Autobu__ ra__te mit hoher Geschwindigkeit den Berg hinab, weil die Bremsen defekt waren.

Ich wei__ nicht, wie es weitergehen soll, denn wir haben nichts mehr zu e__en.

Er garantierte mir, dass er verlä__lich sein wird und ich mich auf ihn verla__en werde können.

Sie warf den Re__t der Spei__en, die sich in der Schü__el befanden, in den Mi__tkübel.

Aufmerk__am verfolgten wir die Geschehni__e im Fernsehen.

Wir konnten gar nicht fa__en, dass das Unglück pa__iert war.

Der Erdsto__ war so stark zu spüren, dass die Bewohner die Häuser fluchtartig verlie__en.

Der Man war so hä__lich, da__ man seinen Blick abwenden mu__te.

Wir mü__en uns mit den Vorfällen leider abfinden.

Sein Wi__en über die verschwundenen Gegenstände war grö__er, als er zugeben wollte.

Er wurde be__onders lange verhört, weil die Polizisten nicht an seine Unschuld glaubten.

Der Ha__ gegen die Be__atzer war im ganzen Lande stark zu spüren.

Die unerme__lich wertvollen historischen Gegenstände wurden im Krieg__gewirr gestohlen.

Die Türe lie__ sich nur mit Gewalt schlie__en.

Er lie__t das Buch nun schon zum zweiten Male und es fa__ziniert ihn noch immer.

Ich konnte das Ma__band, welches ich gekauft hatte, nun nicht finden.

Der Schüler war au__ergewöhnlich wi__begierig und hinterfragte alles.

Der Verschlu__ des Ruck__ackes klemmte öfters.

Sie konnten den Urlaub nicht genie__en, da sie alle erkrankt waren.

Es ist nicht zu fa__en, welche Lügen er uns immer wieder aufti__chte.

Er mu__te nun seine Verbrechen im Gefängnis abbü__en.

Von drau__en waren schwere Detonationen zu hören.

Er hätte durch seine Grie__grämigkeit fa__t alles verloren.

Die Grie__suppe, welche Mutter macht, schmeckt sehr gut.

Ein ei__iger Wind blie__ mir ins Gesicht, als ich ins Freie trat.

Er hielt die ge__amte Macht fest in der Hand.

Es war sehr mü__ig, sich durch den hohen Schnee zu kämpfen.

Die Ver__icherung bezahlte den gro_en Schaden nicht.

Fa__t hätte er auf ihren Geburtstag verge__sen.

Übung 020

s, ss oder ß?

Es war eine große Befriedigung und Genugtuung, als nach dem Terror der Nazidiktatur die Vereinten Nationen 1948 die Erklärung der Menschenrechte verkündeten. Gewi __, es gab Bürgerrechte, beispiel__weise Wahl- und Niederla__ungsrecht, aber Menschenrechte, die von einem sittlichen Menschenbild ausgehen und die Würde und Unver__ehrtheit des Menschen in den Mittelpunkt stellen, die gab es nicht.

Die Menschenrechte garantieren das Leben und die körperliche Unversehrtheit, die Freiheit der Person, des Glaubens und des Gewi__ens. Von einer wirklichen Garantie kann freilich keine Rede sein, denn die Erfüllung hängt von der Bereitschaft der jeweils Regierenden und von dem guten Willen der Bürger ab.

Es gibt dabei viele Schwierigkeiten: Die Auffa__ung von dem, worum es sich bei den Menschenrechten handelt, hat mit Kultur und Tradition, Sitte und Religion zu tun. Die Auffa__ung der we__tlichen Welt geht vom Individuum aus, während in großen Teilen der Dritten Welt, in Afrika und Asien, die Solidarität des Familien- und Stammesverbunds das Wichtigste ist.

In diesen Ländern bekommt man als Westler immer wieder den Vorwurf zu hören: „Eure Menschenrechte dienen ja nur eurem Hegemoniestreben. Früher, im Kolonialzeitalter, da habt ihr uns beherrscht, weil ihr die Stärkeren wart und wir die Schwachen. Heute ver__ucht ihr es, indem ihr eure spezifi__che Auffa__ung der Menschenrechte der ganzen Welt zu oktroyieren ver__ucht." Derlei Eurozentri__mus sei unstatthaft, so meinen sie.

Übrigens mit einem gewi__en Recht. Natürlich sind manche unserer Ma__stäbe, die den bürgerlichen Alltag betreffen, jener Welt diametral entgegengesetzt; beispiel__weise ist Polygamie bei uns strafbar, in einzelnen Ländern der Dritten Welt aber nicht nur zulä__ig, sondern sogar erwünscht. Prügelstrafe ist in Teilen der Welt keineswegs anstö__ig, sondern üblich. Die Anzahl der Stockschläge wird nach dem jeweiligen Delikt beme__en.

Als vor ein paar Jahren in Singapur - zusammen mit Einheimischen - auch ein Amerikaner der Prügel__trafe unterzogen wurde, da gab es in den Vereinigten Staaten stürmische Erregung ob dieser

Verletzung menschlicher Würde. Die Anerkennung univer__aler Menschenrechte durchzu__etzen, ist also nicht leicht.

Wenn es nicht um Probleme der Bürgerrechte geht, sondern um Menschenrechte, dann stehen Folter, Terror und Di__kriminierung zur Di__ku__ion. Und da sind die Probleme weit größer, denn es gibt ja keinen Strafvollzug au__erhalb der nationalen Grenzen.

Zwar haben die Menschenrechte inzwischen völkerrechtliche Verbindlichkeit erlangt, zum Bei__piel mit der Europäischen Menschenrecht__konvention und der Einrichtung des Europäischen Gericht__hofes für Menschenrechte; aber erzwingen la__en sie sich nicht.

(Ausschnitt aus „Von Recht und Würde" von Marion Gräfin Dönhoff)

Übung 021

Wörter mit aa, ee, oo werden zur Satzbildung verwendet.

Haar
haarig
haaren
Aussaat
Aas
Aar
ein Paar
ein paar
Staat
Staatsgrenze
Staatsbeamter
staatlich
Maat

Saal
Waage
waagrecht
Saarland
Aal
Saat
Aachen

See
Beet
Meer
Heer
verheerend
verheeren
Armee
Speer
Teer
teeren
leer
ausleeren
Idee
Fee
Kaffee
Tee
Schnee
seelisch
Lorbeer
Reeder

Moor
moorig
Moos

moosig
bemoost
Boot
ausbooten
Zoo

Harte und weiche Konsonanten

d, dt, t, th

Am Wortanfang und im Wort wird d stimmhaft oder weich ausgesprochen, t, dt, th werden dagegen stimmlos oder hart ausgesprochen.
Am Wortende klingen d und t stimmlos oder hart, obwohl auch d, dt, t oder th geschrieben wird.

Übung 022

d/t

__isch, Obs__, Hun__, En__e, S__ran__, __asche, __rah__, gesun__, Heima__, Elen__, Gesich__, Gra__, Abschie__, Furch__, nack__, jeman__, Ax__, __ugen__, Schluch__, Pach__, Han__schuh, Or__nung, geschwin__, Mon__, Gewich__, Verban__, Haup__, Ge__ul__, Knech__, blin__

Sam__, Sai__e, Ba__, zar__, Er__e, __un, Pfan__, En__e, Lie__, Zei__, Freun__, Freu__e, S__an__, __anne, Schmie__, Mä__chen, __ag, ha__, Augenli__, Arbei__, Aben__, Jugen__, Ar__ikel, Mach__, Schil__, Pfer__, Fein__, Hem__, Gewal__, Sei__e

Her__, Glie__, no__wen__ig, Gegen__, gül__ig, Feizei__, Be__eu__ung, Anfor__erung, __eu__schlan__, währen__, bekann__, been__en, __rümmer, s__än__ig, Verwal__ung, __or__, an__ers, __enn, überhaup__, Gel__, __avon, Para__ies, gewal__ig, in__ensiv, No__, En__e, en__gül__ig, __ex__, auswen__ig, Ge__äch__nis

A__om, Un__erschie__, Kin__, konkre__, in__eressier__, El__ern, Me__ho__e, prak__isch, I__ee, Un__errich__, Wal__, En__s__ehung, En__wicklung, akzep__ieren, Ka__alog, Wor__, Symp__om, Wissenschaf__, Bil__, Kalen__er, Compu__er, Hän__ler, Wil__, Wäch__er, Schläch__er, S__un__e, __oleranz, Mi__menschen, Freun__schaf__, La__ein

Schal__er, __rang, __ür, beschlagnahm__, wich__ig, Schwer__, e__el, un__er, sel__sam, Such__, Lich__, Gür__el, Bro__, __rank, __uch, Ach__, al__, Mo__or, leich__, verschwin__en, har__, un__, spinn__, Sün__e, __ecke, Au__o, La__ung, __opf, Wan__, __eppich

Übung 023

Alle Wörter mit D/d oder T/t werden unterstrichen.

Die blutige und brandschatzende Meuterei der ägyptischen Sicherheitspolizei ist zu Ende. Der Ausnahmezustand wurde auf eine nächtliche Ausgangssperre reduziert, die in den nächsten Tagen völlig aufgehoben werden soll. Von Sonnenaufgang bis Sonnenuntergang ist Kairo, die Zwölf-Millionen-Metropole, zur vollen Normalität ihres erdrückenden Verkehrschaos und Menschengedränges zurückgekehrt. Auf Flachladern werden die wüstenbraunen Panzer der Armee aus der Innenstadt abtransportiert.

Die Internationale Industriemesse öffnet termingerecht ihre Tore, der afrikanische Fußball-Nationen-Cup wird wie geplant angepfiffen. Die Züge, so heißt es offiziell frohlockend, fahren wieder pünktlich. Nach dem panischen Exodus der vergangenen Krisenwoche seien bereits wieder 1200 Touristen aus elf Ländern eingereist, wie die Fremdenverkehrsstatistiker hoffnungsvoll vermelden.

von Andreas Kohlschütter

Übung 024

dt oder th werden eingesetzt.

Zi__er, Sta__, ka__olisch, __eater, Gesan__e, Gewand__eit, __ema, Sympa__ie, Bewan__nis, A__let, Verwan__schaft, Or__ographie, Großsta__, Apo__eke, __ermometer, verwan__, __ron, Biblio__ek, Rhy__mus, __ailand

b und p

b wird am Wortanfang und in der Mitte stimmhaft oder weich, p stimmlos oder hart ausgesprochen. Am Wortende klingen b und p gleich. Verlängert man das Wort, bemerkt man, dass das b stimmhaft, das p stimmlos klingt.

Übung 025

b/p

gel__, Kal__, Wei__, A__ril, ster__en, Weinre__e, O__st, Rau__e, Lau__e, hal__, Ta__ete, Kna__e, __lum__, Urlau__, Stem__el, Trei__stoff, __racht, sel__st, gro__, schrau__en, Lo__, Wes__e,

Al__en, Stu__e, ü__erhau__t, Sie__, ger__en, __ar, a____ausen, __urzeln

Ha__gier, der__, Tau__e, Re__huhn, Sta__, räus__ern, Gi__s, Reze__t, Glau__en, O__dach, stram__eln, Er__se, Lau__, Stau__, stol__ern, Kör__er, __aar, Hau__e, __um__e, gro__, Her__st, Re__u__lik, __u__, hü__sch, __ause, Al__traum, schrei__en, Er__schaft, glau__haft, Stau__sauger

__endel, Die__, __a__agei, __and, Schna__s, Hie__, __äcker, __art, __ehörde, __ackung, __acht, Reise__ass, __ad, lie__, __ark, __aket, __lank, __ein, __arfuß, __alme, Ka__el, __esen, __latt, __ild, __olster, Lam__e, Com__uter, __ox, __uch, Gra__

__rivat, __üste, Am__el, __litz, __urg, __ro__lem, Tul__e, __oot, __ro__e, hum__eln, __ote, __ühne, __rodukt, __reis, __ro__aganda, __oxer, __ohne, Knir__s, __oden, __redigt, __ock, __rügel, __runk, __utter, __rozess, __rofit, __rofessor, O__er, Ka__, Lum__en

Schli__s, __litz, Gi__s, Hu__e, __lech, O__erette, __rösel, Siru__, __rosche, __a__st, __atterie, __lan, __lagen, __rust, __lüte, __edal, __lut, Se__tem__er, __rücke, __oot, __remse, Lu__e, __rett, Tüm__el, __ruder, Ka__sel, __rief, __rom__eere, __udding, __udel

Übung 026

Alle Wörter mit B/b oder P/p werden unterstrichen.

Bisher gibt es keine überzeugenden Indizien dafür, dass - wie anfänglich gemunkelt - fremde Mächte oder ägyptische Islam-

Extremisten hinter der Revolte standen. Sicher riefen syrische, libysche und auch iranische Rundfunkstationen im Äther zum Volksaufstand gegen die „Mubarak-Diktatur" und gegen den Camp-David-Frieden mit Israel auf. Aber von solcher Propaganda bis zur operativen Aufstandslenkung ist ein weiter Weg. Und um die Fünfzig-Pfund-Beträge, die angeblich bei meuternden Polizisten gefunden und sofort dem Geldgeber Ghaddafi angekreidet wurden, ist es auffallend still geworden. Beim Sturm auf die Hotels wurden schließlich auch Kassenschränke geleert. Dass die Unruhen auch auf andere Städte übergriffen, freilich mit fast mehrstündiger Verspätung, ist ebenso wenig ein Beweis für eine zentrale Aufstandssteuerung. Und wenn die Muslim-Fundamentalisten wirklich Regie geführt hätten, dann wäre das Volk auf die Straßen gegangen. Doch genau das Gegenteil war der Fall: Die Massen hielten sich fern oder verschwanden fluchtartig in ihren Häusern.

von Andreas Kohlschütter

Übung 027

ph oder pf werden eingefügt

Dam__, hü__en, __iloso__, Zo__, A__el, __and, im__en, __erd, __ase, Geschö__, Rum__, __lug, Strum__, Al__abet, Na__, O__er, Sum__, __licht, zu__en, __eil, Schnu__en, __os__or, sta__en, Na__, __antom, Ko__, __ysik, __ad, Trum__, Pro__et, Stro__e, anza__en, em__ehlen, __arrer, Ko__, __laume, Kam__, Trium__, __ahl, To__

g und k

Am Wortanfang und in der Mitte wird das g stimmhaft oder weich, das k stimmlos oder hart ausgesprochen. Am Wortende besteht aber im Zusammenhang mit der Aussprache kein Unterschied. Mit einer Verlängerung kann man sich helfen.

Übung 028

g/k

Bezir__, Hen__el, __anz, lin__s, zän__isch, On__el, __anzel, We__, __eisti__, le__en, __üc__en, Foto__raf, __roß, beherzi__en, __rab, __üssen, __ans, __erze, __edrän__e, __rone, __ur__e, verren__en, en__, Mist__abel, Sar__, verdun__eln, schla__en, __ern, muti__, __arten

Or__el, __eduld, Blin__er, Fahrzeu__, Sor__falt, __asse, nöti__, __artoffel, __asse, peini__en, __ampf, __ipfel, len__en, __las, __ater, __er__er, __amin, __lin__el, stren__, __lut, __alender, __renze, __arren, vorsichti__, lan__, ei__enwilli__, Ludwi__, Spen__ler, __reis, Vo__el

__ischt, __esinde, Einrichtun__, beschädi__en, Irrwe__, __nappe, __esetz, __rütze, auswendi__, stin__en, __as, Stei__e, __e__end, __runzen, Lehrlin__, schen__en, __ruft, En__el, fun__en, __rafi__, __lotz, sor__en, __rau, verflo__en, Fän__er, __urz, Linderun__, Fin__er, Na__el, Pfenni__

betrun__en, __erade, Zu__, Schur__e, __amel, __ras, __ran__, Physi__, den__en, we__, __ajüte, Vol__, lan__sam, erledi__en, Ber__, Dün__er, dun__el, __nuspri__, __ranz, __arte, __leid, ewi__, be__leiten, flin__, __anne, Bal__en, __lauben, __uss, __ann, __e__en

Fer__el, wichti__, __reuz, Telefon__abel, Bur__, __enau, blan__, Bu__, Län__e, tan__en, sin__en, La__e, __ewesen, versin__en, __enu__, Ta__, __alb, Schutzen__el, __eträn__, Musi__, __amera, __e__s, Är__er, __napp, __reifen, Sä__e, __elb, stei__en, __abe, __elten

Übung 029

Alle Wörter mit G/g, K/k oder ck werden unterstrichen.

Wieder einmal werden Menschen mit der unheimlichsten, heimtückischsten aller Waffen zum Siechtum verdammt oder gar zum Tode befördert: Im Krieg am Golf hat der von immer neuen iranischen Angriffswellen bedrohte irakische Verteidiger offenbar zum ersten Mal chemische Waffen eingesetzt. Irakische Offiziere bekennen, sie hielten jedes Mittel für gerechtfertigt, „das Ungeziefer zu vertilgen", auch wenn sie den Einsatz von Senfgas ausdrücklich dementieren. Die Meldung reißt den Vorhang aus Bequemlichkeit und Ratlosigkeit entzwei, mit dem die Welt den Krieg am Golf verhängt hat. Die Ölpreise hat er nicht in die Höhe getrieben, die arabischen Ölstaaten bisher nicht in die Revolution. Nur Menschen sind gestorben und verwundet - Hunderttausende, viele noch Kinder im Soldatenrock, zunächst getroffen von konventioneller Munition, jetzt offenbar auch von chemischen Geschossen.

v/f/ph/pf

In der Aussprache findet man zwischen v, f und ph keine Unterschiede. Man muss sich die Wortbilder bzw. die Richtigschreibung einprägen.

Übung 030

V/v oder F/f

__ogel, __eder, __olks__est, __orsichtig, __ieh, __ärben, __re__el, darau__, __on, __amilie, __reude, da__on, Geogra__ie, __orne, __liegen, Tele__on, __ier, Lar__e, __änger, __lamme, __orsehen, __erkel, Bauernho__, __erkra__ten, __ater, __oll, Sa__t, grei__en, __üll__eder, __ersehentlich

__erkehr, __ertig, __ort, __rieden, __rühstück, __om, __iel, __ressen, positi__, Paragra__, __inger, __ariieren, __unken, hel__en, bra__, Ner__, __ür, ge__allen, __inden, Pul__er, Er__üllung, __ahrzeug, Dor__, __etter, __link, __linte, __age, __erhalten, __risch, __ektor

__eiern, __ergessen, __olk, __öllig, __urcht, __or, __ielleicht, __ordern, Gusta__, __rei, __erpassen, Aus__ührung, __eilchen, __isch, __reund, __ett, __uchs, __erdauen, __angen, __ase, __erkau__en, __antasie, Kla__ier, __iedler, Uni__ersität, in__alid, Sorg__alt, __orbei, __ersammlung, __arbe

grei__en, __eile, __iolett, __roh, Lu__t, __erkau__, au__heben, __er__iel__ältigen, __anille, __ernün__tig, __erschneit, E__angelium, ein__ach, au__, zu__rieden, Brie__, __illa, __atikan, __egetation, No__ember, Ho__, zagha__t, __ürchterlich, __ioline, __rau, Gra__ik, Ad__ent, Gru__t, __reuen, __entil

__röhlich, Reser__e, __erien, __enedig, __rieren, ser__ieren, __rucht, da__or, No__ember, __erlau__en, __ilm, __ers, __est, ein__erstanden, __on, __iehmarkt, __ulkan, Telegra__, __erkehrt, __erjagen, schla__en, Konser__e, __otogra__ie, au__nehmen, __ersprechen, __üllen, __erstehen, __unken, __ührung, __ernun__t

Übung 031

Alle Wörter mit V/v oder F/f werden unterstrichen.

Das japanische Beispiel macht Schule: In Fernost haben die Hersteller von Mikroelektronik gezeigt, dass eine Zusammenarbeit mehrerer Unternehmen schnell zu verwertbaren Ergebnissen führt. Dank der Kooperationen gelang es den Japanern, die bisher in dieser Technologie weltweit führenden Amerikaner zumindest auf einigen Gebieten das Fürchten zu lehren.
Jetzt schlagen die Amerikaner zurück - und zwar mit den Waffen der Japaner. Drei große Anbieter haben soeben die gemeinsame Entwicklung von neuen Mikroprozessoren beschlossen - ausdrücklich als Antwort auf die japanische Herausforderung. Wenn schon die Großen kooperieren, dann bleiben für die Kleinen immer weniger Chancen. Zwar halten sich die deutschen Mikroelektronik-Hersteller viel auf ihre Aufholjagd zugute - im Rennen um die nächste Generation von integrierten Schaltungen droht aber Europa hoffnungslos zurückzufallen, wenn nicht auch in der Alten Welt bald zu einer Konzentration in Forschung und Entwicklung gefunden wird.

Getrennt- und Zusammenschreibung

Welche Wörter schreibt man zusammen und welche getrennt? Diese Frage ergibt sich auch sehr häufig für legasthene Menschen, und die Unsicherheit ist sehr groß.

Der Grundsatz gilt, dass die Getrenntschreibung der Normalfall ist und die Zusammenschreibung eine besondere Regelung hat. Leider bestätigen auch in der Getrennt- und Zusammenschreibung die Ausnahmen die Regel.

Regel: Bestandteile von Wortgruppen werden getrennt geschrieben. Auch wenn zwei gedanklich zusammengehörige Wörter einen Sinn haben, aber ihre Eigenständigkeit im Satz behalten, werden sie auseinander geschrieben.
Beispiele: schlecht gehen, abwärts gehen, aufwärts gehen, spazieren gehen, abhanden kommen, kennen lernen, bekannt machen

Regel: Bestandteile von Zusammensetzungen werden zusammengeschrieben. Auch wird zusammengeschrieben, wenn ein neuer Begriff entsteht oder der erste und zweite Bestandteil des Wortes nicht alleine stehen kann.

Beispiele: wahrsagen, bereithalten, stillhalten, durchhalten, heimzahlen, hineinsehen, heraufkommen, totschlagen

Viele Wörter kann man sowohl zusammen, als auch getrennt schreiben, nur die Bedeutung ist dann nicht dieselbe.
Beispiele: Ich habe mich mit ihm bekannt gemacht. Die Verordnung wurde der Öffentlichkeit bekanntgemacht.
Das Haus soll im Gelände frei stehen. Das Haus soll zur Vermietung freistehen.
Sie kann gut schreiben. Wir werden ihm den Betrag gutschreiben.
Es wird daher kommen, dass ... Ich sehe ihn daherkommen.

Übung 032

Alle Wörter, die auch alleine stehen könnten, werden unterstrichen.

Die Idee war von Anfang an kühn: Franzosen, Engländer und Deutsche hatten sich überlegt, gemeinsam ein großes Passagierflugzeug zu bauen - und sie taten es auch. Als am 28. Oktober 1972 der erste

Flieger aufstieg und die Champagner-Korken knallten, schauten die großen Flugzeugbauer der westlichen Welt - es waren damals die amerikanischen Konzerne Boeing, Lockheed und McDonnell Douglas - allerdings nicht einmal hin. Die großen Drei beherrschten den Flugzeugmarkt weltweit und machten sich wegen des dickbauchigen Mittelstrecklers aus Europa keine Sorgen um ihre bis dahin florierenden Geschäfte. Dafür gab es auch keinen Grund: Die Europäer hatten in der Nachkriegszeit zwar einige gute Flugzeuge gebaut, etwa die Caravelle, die Trident oder den Überschallflieger Concorde, doch keines konnte die Vormacht der Amerikaner auch nur ankratzen. Das hat sich jedoch grundlegend geändert. Sechzehn Jahre nach dem ersten Flug des zweistrahligen Airbusses empfinden die amerikanischen Flugzeughersteller den Europaflieger als höchst lästigen Konkurrenten. Seinetwegen droht nun sogar ein Handelskonflikt zwischen den USA und dem alten Kontinent.

von Karl-Heinz Büschemann

Wortdurchgliederung

Die Wortdurchgliederung übt man erfolgreich mit durcheinander gekommenen Buchstaben und der Worterarbeitung. Ziel soll es sein, die Buchstaben der Wörter in die richtige Reihenfolge zu bringen und sich anschließend mit dem Wort ausgiebig zu beschäftigen, bis das Wort in den Langzeitspeicher gewandert ist. Diesen Vorgang nennt man auch das Wortbildmerken. Um zu überprüfen, ob sich das Wort nun im Langzeitspeicher befindet, soll man nach Tagen die erlernten Worte mehrmals wiederholen. Werden sie gekonnt, so ist davon auszugehen, dass dies dauerhaft der Fall sein wird.

Werkzeuge

		ä
g	S	
		e

____

N		
l	g	e
a		

____

r	e	e
h	S	r
c	b	a
u	i	n
z	h	e

____

m	a	
H	r	m
	e	

____

w		n
e	i	g
	Z	

____

c	a	l
r	c	h
n	e	b
s	h	s
S	l	e
ü	u	s

____

c	u	r
a	S	
e	b	h

____

W	a	r
e	b	n
k	k	

____

d	ß	M
a	a	n
	b	

____

n	Z	e
a		
		g

____

e	ä	g
ß	R	n
e	l	i

____

Garten

	e	
e		
B	t	

L		u
b		
	a	

G	e	ü
a	s	g
e	e	m
t	r	n

i		s
	e	
e		W

a	ä	e
r	R	
s	h	m
e		n

e	c	e
k	r	c
s	H	h
e	e	n

m		l
	B	n
u	e	

c	t	a
a	h	u
c	G	e
l	s	
h	r	n

g	r	e
ä		o
V	l	n
k	t	e

a		n
	R	s
e		

Tiere

r		ä
	B	

______

u		H
		d
n		

______

t	K	
a		e
	z	

______

a		
	H	e
	s	

______

	I	
g		
l	e	

______

		a
M	u	
		s

______

	R	
u	e	p
	a	

______

o		e
g	l	
		V

______

e	a	a
i	p	
P		g

______

h	a	e
S	n	l
g		c

______

		t
n		E
		e

______

F	c	
s		i
	h	

______

Auto

e	e	
	R	i
f		n

______

u	u	
s	p	f
f	A	

______

s	i	ü
e	R	e
c	g	
l	k	p

______

e		
l	g	e
	n	F

______

l		e
r	n	B
i		k

______

ß		g
a	S	n
s	t	o
e	t	

______

a	i	r
	b	g
A		

______

l	K	g
o	f	ü
e	t	l

______

r	d	e
n	L	k
	a	

______

e	t	n
A	e	
n		n

______

S	h	e
a		h
e	c	l
l	t	b

______

Bauernhof

u		
h	K	

a		
	d	
g		M

	o	k
r	T	t
	a	r

F		
	l	
e	d	

	a	
B	u	r
		e

e		e
	F	k
r		l

	P	
r		e
f		d

a		S
	f	h
c		

	e	
H	e	n
	n	

ü		e
	g	D
n		r

w	c	
e	i	h
S		n

	r	u
t	F	o
r	t	e
t	g	

Pflanzen

s		
	e	o
R		

a		
	u	m
	B	

	s	
u	h	
c		B

l		
	e	B
u		m

		H
e	k	e
	c	

a	b	u
m	b	L
u	a	

a	T	
	e	n
	n	

P		
a	e	l
	m	

e	a	u
N	d	l
a	b	m

h	t	c
S	u	r
	a	

e	ä	
w	h	G
s	c	

Z	l	z
f	r	i
e	p	e
	a	n

Wetter

e		o
	W	
l		k

	n	
R	e	g
	e	

S	n	
e	o	
n		

t		
	r	S
m	u	

o		o
r	d	
a	T	n

e	g	H
a		
		l

	B	z
t	i	l

o		
D	e	n
r		n

k	H	
u	r	i
a	r	n

	n	S
e	e	h
	c	

w	t	e
e	G	t
i	r	

e	e	t
f	R	o
g	r	e
p	n	n

Wald

h	R	
e		

s		
		t
	A	

e		P
i	z	
	l	

ä		u
	B	e
		m

u	F	
	h	
c	s	

m		i
e	s	A
	e	

ä		
e		K
f		r

	J	e
	g	ä
r		

w		i
	Z	
g		e

H	s	
r	i	h
	c	

p	t	
c	e	h
		S

h	E	ö
i	h	h
c	c	e
n	r	n

Kleidung

t		
	H	
u		

s		
H		e
		o

	R	c
		o
k		

H		
	e	m
d		

	K	
l	i	d
	e	

K		
e	p	
p		a

a		e
	c	J
	k	

u	c	
S	h	h
	e	

n	c	
o	e	
k		S

S	e	ü
f	r	p
	t	m

	z	
u	g	A
n		

B		e
	z	l
a	r	

Computer

a		
	s	M
u		

S	e	
	p	l
i		e

n	r	
B	e	r
e		n

a	r	t
s	T	
u	t	a

w	u	r
a	f	L
	e	k

c	i	h
B	i	
d	r	l
s		m

e		i
s	D	t
t	k	e

	e	k
t	w	r
e	z	N

r	r	m
a	o	P
g		m

K	b	
	e	l
a		

a	c	p
h	L	s
t	e	r
r	u	e

Satzdurchgliederung

Die Satzdurchgliederung übt man am besten mit durcheinander gekommenen Satzteilen von Sätzen, die wieder in der richtigen Reihenfolge zusammengesetzt werden sollen, wobei man aber die Reihenfolge der Sätze nicht ändern sollte, da ansonsten die Übung zu schwierig und unübersichtlich wird. Dazu können auch Texte aus Zeitungen verwendet werden, die man groß kopiert und zerschneidet. Anschließend sollen die Teile vom legasthenen Menschen wieder zusammengesetzt werden.

Übung 034

Die Satzteile werden zu Sätzen zusammengesetzt.

Das unerreichbare Pferdchen

sehnsüchtig / seines elterlichen Hauses / hübscher Junge / Im Wohnzimmer / schaute / ein kleiner, sehr / und / saß / aus dem Fenster.

wild / fielen / Seine blonden Haare / ganz / in die Stirne / ihm.

schon wieder / seine Haare / sollten / Eigentlich / geschnitten werden.

war / Doch / knapp / das Geld.

So / abfinden / sich / er / musste / damit, / aus dem Gesicht / zu streichen. / seine blonden Locken / ständig letzte Woche / der Name des Buben, / war / hatte / Sepp, / die nahe gelegene Stadt / mit seiner Mutter und seinen vier Geschwistern / so / besucht.

gebracht. / hatte / dorthin / Ein Bus / sie

nicht sehr oft / vor, / Dies / kam / auch / musste / gewöhnlich / denn / zur Arbeit. / die Mutter

umsorgte. / war / Dann / welche / die Großmutter / nur / da, / die Kinder

Die Stadt / Sepp / beeindruckte / sehr.

sogar / Große Häuser und Straßen, / sah / einige laut ratternde Autos / da. / man

noch / zu dieser Zeit / waren / keine selbstverständliche Sache. / Autos

waren / auch / Da / in denen / Geschäfte, / alles Mögliche / man / kaufen konnte.

Sepp / fiel / auf. / aber / Eines / besonders

mit dem besonderen Namen „Puppendoktor". / Es / ein Spielzeuggeschäft / war

hatten / Magisch / die dort in der Auslage ausgestellten Spielsachen/ ihn / angezogen.

gar nicht mehr / seine Augen / aus Metall / Aber / abwenden. / von einem wunderschön bunt bemalten Pferdchen / er / konnte ihn / gefangen. / dieses besondere Spielzeug / Wie magisch / hielt

ihn / weiter zu gehen. / gelang / Nur mit großer Mühe / es / dazu zu bewegen, / seiner Mutter

das Pferdchen / sehr gut. / Auch der Mutter / gefiel

es / hatte / natürlich / Sepp / ihr / gezeigt.

hatte / er / auch / Eine Sekunde / gehofft, / könnte / ihm / vielleicht doch / seine Mutter / kaufen. / das Spielzeug

diesen Gedanken / er / verworfen. / gleich wieder / hatte / Doch dann

am Morgen. / dachte / an das Gespräch / Er / wieder / seiner Eltern

hatte / aufgefordert, / dringend / Sein Vater / seine Mutter / keine unüberlegten Ausgaben / zu tätigen. / in der Stadt

die Eltern / hörte / Oft / er / sprechen / über das Geld / und / wurden / manchmal / sie / dabei. / auch sehr laut

sie / Dabei / doch / hatten / sich / sehr lieb.

sehr genau. / Das / Sepp / wusste

dabei / Oft / er / hatte / seine Eltern / schon / beobachtet, / sie / wie / heimlich / wenn / küssten, / dachten, / sie / wäre / es / in der Nähe. / niemand / sich

in der Stadt / aber / Seit diesem Tag / Sepp / konnte / denken / an nichts anderes mehr / an das wunderschöne Pferdchen. / als ständig / Es / in seinem Kopf / gaukelte / herum.

hätte / dafür / Was / er / gegeben, / wenigstens / zu können. / es / betrachten / nur in der Auslage

eine Idee. / Da / er / hatte

nicht alleine / Warum / in die Stadt / ging / eigentlich / er / und / das Pferdchen. / besuchte

wusste, / Er / er / wenn / darum / seine Großmutter / würde, / fragen / dass / erlauben / ihm / dies / nie / würde. / diese

er / Aber eigentlich / war / groß. / schon

Bald / er / schon / sollte / kommen. / in die Schule

da / man / war / dann / Und / schon / oder? / sehr groß,

oft / er und seine Geschwister / Da / sehr lange, / dass / ohne / um / sich jemand / sie / im Garten / kümmerte / durften, / spielen / Sepp / die nächste Gelegenheit. / nützte

die Straße / Schnell / er / rannte / entlang, / er / wusste, / von der / sie / dass / mündete, / in die Straße / direkt / welche / führte. / in die Stadt

auch / Bald / er / diese / erreichte / und / zielstrebig / ging / schnellen Schrittes / weiter. / er

war / Der Weg / sehr weit, / zu Fuß / als / weiter / er / gehabt hatte. / in Erinnerung / diesen ihm / der Weg / war / Mit dem Bus / nicht so lange / natürlich / vorgekommen.

einigen Menschen, / Er / auch / begegnete / ihn / die / anschauten. / verwundert / irgendwie

konnten / nicht erklären, / Wahrscheinlich / sich / sie / dass / unterwegs / alleine / war. / ein so kleiner Bursche

beim Spielzeuggeschäft / angekommen war, / er / Als / aber / merkte / schließlich / er / wie müde / war. / gar nicht mehr, / er

und / hatte / Gleich / das Pferdchen / er / erblickt / so glücklich,/ war / es / dass / stand. / noch in der Auslage

hatte / Er / es / gefürchtet, / schon verkauft / könnte / worden sein.

und / So / er / stand / nun da / drückte / ganz fest / seine Nase / um / auf die Scheibe, / beim Pferdchen / zu sein. / noch näher

stellte / Er / vor, / sich / er / mit dem Pferdchen / wie / und / welche Abenteuer / erleben würden. / sie / zusammen / spielen würde

gerissen. / wurde / Plötzlich / aus seinen Gedanken / er

des Busses, / hörte / Er / das Hupen / seine Mutter und seine Geschwister / gebracht hatte. / welcher / wieder nachhause / letztens / und / in die Stadt

wurde / Jetzt / klar, / ihm / er / dass / schnellstens / antreten musste. / den Heimweg er / sich / verabschiedete / So / von „seinem" Pferdchen / und / ihm / wiederzukommen. / versprach

sehr müde / Obwohl / war, / er / er / so schnell er konnte / lief / nachhause.

Gelegentlich / er / an den Wirbel, / dachte / es / den / wenn / herauskäme, / geben würde, / er / am Nachmittag / wo / war.

hauptsächlich / noch immer / er / seine Gedanken / Doch / bei seinem Pferdchen. / hatte

angekommen, / Zuhause / es / war / zum Glück / nicht aufgefallen, / der Großmutter / er / nicht hier / über einen längeren Zeitraum / dass / gewesen war.

waren / interessiert, / auch gar nicht daran / zu verraten. / Seine Geschwister / ihn

So / noch oft / besuchte / sein Pferdchen / er / tolle Abenteuer. / und / mit ihm / erlebte

nicht mehr da. / aber / Eines Tages / das Pferdchen / war

rückte / näher. / Weihnachten

hat / Bekommen / nie. / das Pferdchen / aber / er

zu Weihnachten, / Auch nicht / im Stillen / er / gehofft hatte. / immer wieder / wie

aufgezeichnet gewesen. / gar nichts / war / außer dem Pferdchen / Auf seinem Wunschzettel er / Schreiben / ja nicht. / konnte

hatte / genützt, / auch nichts / dass / Es / mit aufgezeichnet hatte. / er / die Auslage / sogar / des Spielzeuggeschäftes

das Christkind / Er / finden. / könnte / hoffte, / sein Pferdchen / so / leichter

Er / nicht / hatte / doch / viele Spielsachen, / hätte / eingetauscht. / alle / er / gerne / für dieses Pferdchen

seine Mutter, / Enttäuscht / er / fragte / er / ob / brav genug / denn nicht / sei, / gewesen / das Christkind / vergessen hatte. / weil / anscheinend / ihn

ihm / aber, / erklärte / das Christkind / Diese / dass / welche / die Spielsachen, / kaufen muss. / es / bringt, / auch / den Kindern

wurde / warum / Da / klar, / ihm / es / geklappt hatte. / nicht

froh, / In diesem Jahr / seine Eltern / waren / sie / dass / den Kindern / zu den Festtagen / geben konnten. / genug zu essen

hatte / er / Das Pferdchen / vergessen können. / aber nie wieder

erzählte / von den Abenteuern, / er / Noch seiner Tochter / er / die / erlebt hatte. / mit seinem Pferdchen

sich / Sie / aber / vorstellen, / gar nicht / konnte / man / dass / so sehnlichst / sich / ein Spielzeug / wünschen / denn / sie / könnte, / in großem Wohlstand. / lebte

erwachsen / als / Erst / sie / geworden war, / sie / hat / verstanden. / ihren Vater

Verfassen von schriftlichen Arbeiten

Der Aufsatz

Bevor man mit dem Schreiben beginnt, überlegt man sich ganz genau, was die Überschrift verlangt. Dann denkt man sich eine Geschichte aus, die das in der Überschrift gestellte Thema behandelt. Beim Schreiben muss man immer wieder überprüfen, ob man nicht vom Thema abweicht.
Die Handlung muss folgerichtig sein, d.h. es dürfen sich keine Widersprüche in der Erzählung befinden. Verwendet man gelegentlich die direkte Rede, wird der Aufsatz lebendiger. Überhaupt sollte man immer versuchen, so zu schreiben, dass der Leser Freude, Spaß am Lesen hat. Ein Hauptanliegen des Erlebnisaufsatzes ist es, den Leser zu unterhalten.
Die Geschichte sollte anschaulich und lebensnah geschrieben sein. Es dürfen demnach nicht nur Geschehnisse aneinandergereiht werden, das Erlebnis muss so beschrieben werde, dass der Leser es klar vor Augen hat. Deshalb muss der Aufsatzschreiber mit all seinen fünf Sinnen (sehen, hören, fühlen, riechen, schmecken) beobachten, denn nicht nur das Benehmen der Menschen ist wichtig, sondern auch ihre Gefühle. Da der Aufsatz meistens ein schon abgeschlossenes Erlebnis behandelt, beschreibt man ihn in den Zeiten der Vergangenheit. Auch sollte in einem Aufsatz nur eine Geschichte erzählt werden. Alle nebensächlichen Handlungen, die also nicht direkt etwas mit dem Thema zu tun haben, sollten weggelassen werden.

Der Aufbau eines Aufsatzes gliedert sich in die Einleitung, eine Vorgeschichte, den Hauptteil, den Mittelpunkt des Geschehens, und den Schluss, einen Rückblick. Dabei sollte man immer auf einen gedanklichen Zusammenhang und eine stufenweise Steigerung des Geschehens achten. Ziel ist es ja, den Leser zu fesseln, deshalb muss man versuchen, in der Geschichte Spannung aufzubauen. Dabei entsteht der sogenannte Spannungsbogen.

Die Einleitung soll zum Thema hinführen. Sie liefert die Informationen, die zum Verständnis der eigentlichen Geschichte im Hauptteil wichtig sind. Hier kann also angegeben werden, wer die handelnden Personen sind, wann und wo sich das Ganze abspielt oder weshalb. Sehr gut wirkt es auch, wenn man durch direkte Rede sofort in die Handlung einsteigt. So langweilt sich der Leser nämlich nicht mit langatmigen Beschreibungen, die sowieso nicht wesentlich zum Verständnis und zur Spannung in der Geschichte beitragen. Die Einleitung darf nicht zu lang sein, sie sollte in etwa ein Viertel des ganzen Aufsatzes ausmachen.

Im Hauptteil wird die eigentliche Erzählung aufgebaut. Der Hauptteil wird in Abschnitte gegliedert. Ein neuer Abschnitt zeigt an, dass nun etwas Anderes kommt.
Die Abschnitte stehen nicht einfach hintereinander, sondern werden durch Übergänge verbunden. Oft genügt ein einfaches Wort wie nun, dann, doch, aber, hierauf, nachher, plötzlich, etc. Nach einer Einleitung mit genauen Angaben wird auf den Höhepunkt hingeführt, der ausführlich erzählt wird. Da der Leser in Spannung gehalten oder unterhalten werden soll, zögert man den Punkt, an dem die Geschichte am spannendsten oder am lustigsten wird, hinaus. Nach der Vorgeschichte wird die Erzählung immer spannender oder lustiger. Den Höhepunkt muss man deshalb in die zweite Hälfte, fast an das Ende des Hauptteils stellen.

Das Ansteigen der Spannung oder der Unterhaltung bis zum Höhepunkt und dann das Abklingen bis zum Schluss nennt man den Spannungsbogen. Die Spannung darf nicht vorweggenommen werden, denn sonst könnte die Aufmerksamkeit des Lesers sehr schnell nachlassen. Demnach ist der Höhepunkt der wichtigste Teil das Aufsatzes. Er darf nicht zu kurz und muss unbedingt gut ausgebaut sein. Den Abschnitt mit dem Höhepunkt sollte man besonders spannungsvoll gestalten, dabei kann man auch einmal von der Vergangenheit, die Zeit des Erzählens, in die Gegenwart überwechseln.

Ein guter Aufsatzschluss bringt die Klärung oder Lösung einer Situation oder eines Problems. Er rundet den Aufsatz ab, d.h. der Leser soll das Gefühl haben, dass die Geschichte tatsächlich zu Ende ist und dass nichts mehr zu sagen bleibt. Im Schlussteil darf man nichts erzählen, was mit der vorangehenden Geschichte nichts zu tun hat. Der Schluss soll nicht zu lange sein, man soll aber auf keinen Fall den Aufsatz mitten in der Handlung abbrechen.

Man kann auch eine Grobgliederung des Aufsatzes schriftlich niederlegen, bevor man den Aufsatz zu schreiben beginnt. Dieses Gedankensammeln für die drei Teile der Gliederung unterstützt den Aufsatzschreiber bei der Ausführung.

Der Bericht

Ein Bericht wird so geschrieben, dass die wichtigsten Informationen am Beginn stehen. Die letzten Sätze beinhalten nur mehr ergänzende Informationen. Sie können auch weggelassen werden, was die Hauptinformation aber nicht schmälern darf. Ein Zeitungsbericht besteht aus verschiedenen Teilen wie aus der Anreißerzeile, der Hauptschlagzeile, einer Zusammenfassung und dem eigentlichen Bericht.

In einem Bericht werden folgende Fragen behandelt:

- ⇨ Wer war beteiligt?
- ⇨ Was geschah?
- ⇨ Wann geschah es?
- ⇨ Wo geschah es?
- ⇨ Wie geschah es?
- ⇨ Warum geschah es?

Bei einem Bericht sollte nach Möglichkeit die Objektivität gewahrt werden, d.h. es dürfen keine Informationen dazu erfunden, verfälscht oder vorenthalten werden.

Die Beschreibung

Man kann Verschiedenes beschreiben wie z.B. Gegenstände, Personen oder Handlungen, wobei man über wesentliche Merkmale informiert.

- ⇨ Die Gegenstandsbeschreibung

Man beschreibt eine Person oder einen Gegenstand möglichst fotografisch genau.

- ⇨ Die Vorgangsbeschreibung

Man beschreibt einen Vorgang genau, vollständig, und in der richtigen Reihenfolge des Ablaufs, wie z.B. die Beschreibung eines Unfalls.

- ⇨ Die Funktionsbeschreibung

Man beschreibt, wie etwas funktioniert, was man also tun muss, um eine bestimmte Wirkung zu erreichen.
Bei Beschreibungen sollte man zunächst seine Gedanken gliedern, z.B. in eine zeitliche Abfolge bringen, die Interessen und das

Vorwissen des Adressaten berücksichtigen, wobei man einem Kind einen Gegenstand anders beschreiben wird als einem Erwachsenen, man sollte die Gegenwart benützen, sich kurz halten, sachlich und genau sein. Auf persönliche Wertungen und Bemerkungen sollte verzichtet werden.

Der Brief

Wichtig: Die Fürwörter der vertrauten Anrede (du, deiner, dir, dich, ihr, euer, euch) schreibt man in Briefen klein, die der höflichen Anrede (Sie, Ihr, Ihnen) hingegen groß.
Es gibt Normbriefe, die von oder an Ämter und Firmen geschrieben werden. Sie sind sachliche Geschäftsbriefe, daher ist die Form an Normen gebunden, die man der folgenden Abbildung entnehmen kann.

Im Unterschied zu förmlichen Briefen können persönliche Briefe oder Emails völlig formlos geschrieben werden. In diesem Fall gibt es keinerlei Regeln. Speziell bei Emails oder beim Chatten werden Abkürzungen benützt.

Das Bewerbungsschreiben

Auf das Schreiben gehören der Name, die Anschrift, die Telefonnummer, das Datum und eventuell Faxnummer und Email-Adresse des Bewerbers.
Man sollte auf die vollständige, richtige Anschrift des Betriebes oder der Schule, bei der man sich bewirbt, achten.

Im Betreff sollte der Grund des Schreibens genannt werden. Die korrekte Berufsbezeichnung ist anzugeben und man sollte sich in einem Schreiben immer nur für eine Berufsausbildung oder Stelle

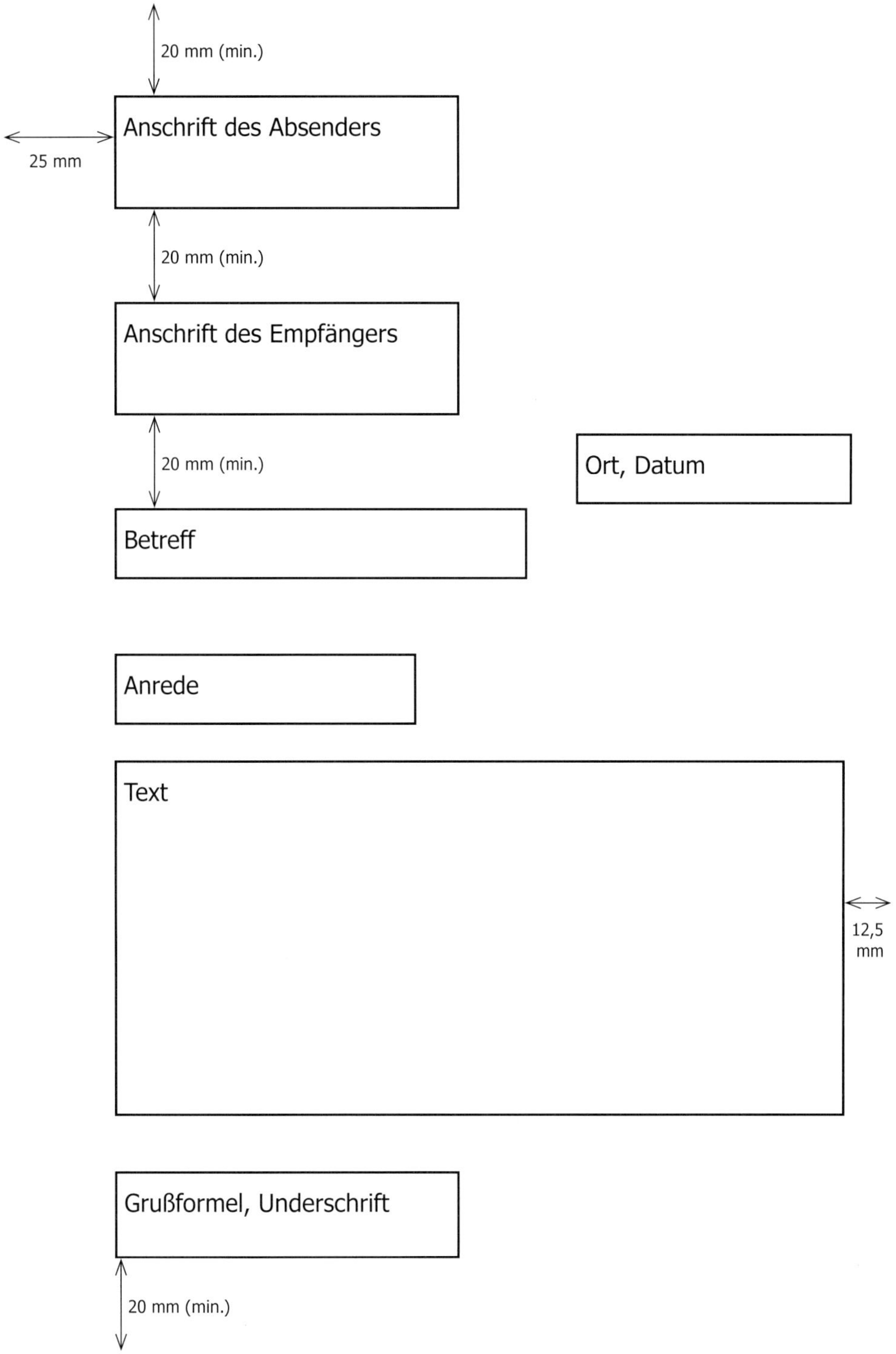
20 mm (min.)
Anschrift des Absenders
25 mm
20 mm (min.)
Anschrift des Empfängers
20 mm (min.)
Ort, Datum
Betreff
Anrede
Text
12,5 mm
Grußformel, Underschrift
20 mm (min.)

bewerben. Nach der Anrede sollte noch einmal wiederholt werden, um welche Ausbildungsstelle oder Arbeitsstelle man sich bewirbt, ferner wie oder wo man davon erfahren hat.
Weiters sollte erwähnt werden, welchen Schulabschluss man erreicht hat.

Eine Begründung, warum man sich für eine Ausbildung in diesem Beruf oder für eine Stelle in diesem Betrieb interessiert, sollte erwähnt werden. Eine persönliche Note sollte eingebracht werden. Auch ein möglichst genau formulierter Lebenslauf sollte beigelegt werden. Am Schluss steht ein Gruß und die Unterschrift, die in dunkelblauer oder schwarzer Farbe geschrieben werden sollte. Bei der Unterschrift steht der Vorname stets vor dem Familiennamen - deshalb heißt er auch Vorname - eine äußere Form, die für Personen in Personalbüros oftmals von großer Bedeutung für die Einschätzung des Bewerbers ist.

Das Exzerpt

Das Exzerpt ist die Verkürzung eines längeren Textes. Dabei wird alles weggelassen, was nicht von Wichtigkeit ist. Beim Exzerpieren wird so vorgegangen: Das Wesentliche und allgemein Gültige wird in einem Text unterstrichen, dann werden Stichwörter oder Wortgruppen herausgeschrieben, das Herausgeschriebene wird übersichtlich geordnet, indem unter Teilüberschriften Sätze und Aufzählungen zusammengefasst werden. Besonders ist darauf zu achten, dass das Exzerpt den Inhalt richtig wiedergibt.

Das Lesen

In eher seltenen Fällen ist bei Menschen mit Leseproblemen davon auszugehen, dass ein Lesevermögen überhaupt fehlt. In diesem Falle wäre es notwendig, von Grund auf mit dem Lesenlernen zu beginnen. Es sollte, wie auch beim Schreiben, unbedingt mit dem Erlernen der einzelnen Buchstaben begonnen werden. Es ist dringend zu vermeiden, dass eine sogenannte Ganzheitsmethode angewandt wird. Als Ganzheitsmethode bezeichnet man das Erlernen von ganzen Wörtern. Das Merken von ganzen Wörtern kann von legasthenen Menschen vor Erlernen aller Buchstaben sehr schlecht nachvollzogen werden und deshalb kommt es auch zu keinen Erfolgserlebnissen, die aber sehr dringend notwendig sind, um eine gute Motivation aufrechtzuerhalten. Werden die Buchstaben sicher beherrscht, kann man mit dem Zusammenlauten, dem Zusammenzuziehen von Buchstaben zu Wörtern, beginnen, wobei man vorerst Wörter mit drei oder vier Buchstaben benützen sollte. Die Anzahl der Buchstaben der Wörter, welche gelesen werden sollen, wird langsam gesteigert. Es hat sich als sehr nützlich erwiesen, dass man für das Lesenerlernen auch für Erwachsene vorerst ein Lesebuch der ersten Schulstufe benützt – die Inhalte der Lesetexte sind zwar nicht altersgemäß, doch dies stört in dieser Phase kaum - und langsam die Leselektüre anspruchsvoller gestaltet. Viel Mühe, Ausdauer und Übung muss in die Anfangsphase investiert werden. Zumeist zeigen sich aber nach einer Durststrecke die ersten Erfolge, welche zum Weitermachen animieren. Wichtig ist, dass man dabei den legasthenen Menschen immer wieder erinnert, dass er ständig darauf achten muss, mit seinen Gedanken bei der Sache zu sein und die Augen nicht von den Buchstaben und Wörtern zu wenden oder oberflächlich darüber hinwegzusehen. Lernen legasthene

Menschen erst im Alter tatsächlich lesen, so kommt es dabei selten zu dem physischen Unbehagen, das von Legasthenikern, die das Lesen schlecht, aber doch in den Grundzügen beherrschen, beschrieben wird. Der Grund dafür ist, dass die Betroffenen vom Anfang an auf ihre Schwachstelle, die zeitweise Unaufmerksamkeit beim Zusammentreffen mit Buchstabensymbolen, aufmerksam gemacht werden und es so ganz bewusst vermieden wird, sich mit der Materie oberflächlich abzugeben.

Physisches Unbehagen, die langsame Lesegeschwindigkeit oder das geringe Leseverständnis sind nur einige der Gründe, warum legasthene Menschen nicht gerne lesen. Erwachsene legasthene Menschen verfügen zumeist nicht über das nötige Können und auch die Ausdauer, über einen längeren Zeitraum zu lesen, sie werden manchmal auch durch physische Probleme regelrecht davon abgehalten. Dies hängt damit zusammen, dass bei der Tätigkeit, die zwar mehr schlecht als recht geleistet wird, sehr schnell Zustände auftreten können, die zuweilen sogar großes Unbehagen auslösen. Nicht selten sind Schwindelgefühle, Augentränen, Kopfweh, sogar Brechreiz, etc. Faktoren, welche die Betroffenen davon abbringen, über einen längeren Zeitraum hinweg einer Lesetätigkeit nachzugehen. Auch die Geschwindigkeit mit der gelesen wird, ist so unbefriedigend, dass es eben nicht den geringsten Spaß bereitet. Ein weiterer Grund für einen Lesefrust ist, dass der Leser tatsächlich die Wörter identifiziert, also liest, doch fragt er sich selbst nach dem Inhalt des Gelesenen, muss er passen, er konnte ihn während des Lesens nicht erfassen.
So sollte man bei legasthenen Menschen vorerst damit beginnen, ihnen ganz bewusst vor Augen zu führen, warum es zu physischen Beeinträchtigungen, zu einer eventuellen Leselangsamkeit oder zum Nichtverstehen des Inhaltes kommt. In allen Fällen sind die weggehenden und wieder schwer an den Ort des Geschehens zu bringenden Gedanken beteiligt. Deshalb ist es der erste Schritt, beim

Lesen die Gedanken bewusst bei der Hand zu haben, sie also zu beherrschen und sich nicht von den Gedanken beherrschen zu lassen. Gelingt dieser sehr schwer zu erreichende Schritt grundsätzlich - dabei können Aufmerksamkeitsübungen behilflich sein -, so werden die physischen Probleme verschwinden. Die Voraussetzung dafür ist natürlich, dass man über geeignete Sehbehelfe verfügt, wenn notwendig. Die Lesegeschwindigkeit wird sich steigern und das Leseverständnis wird gesichert sein. Das Lesen wird einfach Spaß machen!

Legasthene Menschen entwickeln auch vielfach eigene Arten von Lesefertigkeiten, sobald sie das Lesen ausreichend und zufriedenstellend in den Grundzügen erlernt haben. Nicht selten gibt es unter legasthenen Menschen „Schnellleser", die eigentlich den Namen zu unrecht tragen, denn sie lesen eigentlich nicht schnell, sondern haben ein Scannverfahren entwickelt, mit denen sie in Höchstgeschwindigkeit Seiten eines Buches oder Internettexte scannen und anschließend sehr wohl über den Inhalt konkrete Aussagen treffen können. Tatsächlich kann so eine große Menge von Texten be- oder erarbeitet werden. Nicht jeder Legastheniker erreicht allerdings diese Fertigkeit.

Eine bewährte Lesetechnik

Es gibt verschiedene Methoden, wie man eine Verbesserung der Lesegeschwindigkeit und die Verbesserung des Leseverständnisses erreichen kann. Eine bewährte Methode, speziell auch für Erwachsene, ist das sogenannte Spellreading.

Dazu benötigt man eine Leseschablone, ein Rechteck aus einem stärkeren Karton, welches die Ausmaße von 18 mal 7,5 Zentimeter hat und an der linken oberen Ecke über eine Öffnung von 5,5 mal 1,5 Zentimeter, ein Lesefenster, verfügt. Die Schablone kann man selbst anfertigen oder auch als Easy Reading Leseschablone käuflich unter **http://www.legasthenie.com/shop** erwerben. Die originale Easy Reading Leseschablone verfügt über vier verschiedenfärbige Folienfenster, die zusätzlich die Wirkung einer abgetönten Schrift erzielen.

Die Leseschablone kann man auch zum Lesen ohne Helfer verwenden. Das Lesetraining muss jedoch mit einem Helfer durchgeführt werden.

Es werden verschiedene Schritte der Reihe nach vollzogen:

- ⇨ In der linken Ecke der Leseschablone wird das erste Wort eines Satzes gezeigt, der Lesenlernende buchstabiert das Wort, der Helfer wiederholt das ganze Wort, anschließend wird das ganze Wort nochmals vom Lesenlernenden ausgesprochen. So hat der Lesenlernende das Wort in seine Bestandteile zerlegt, das gesamte Wort von einer fremden Stimme und dann durch die eigene gehört. Man verfährt so mit allen Worten des Satzes oder mehreren Sätzen nacheinander. Es sollen nicht mehr als einhundert Wörter in dieser Weise bearbeitet werden.
- ⇨ Über die buchstabierten und zweimal ausgesprochenen Worte gleitet nun der Lesenlernende ganz ohne Hast und Eile darüber, wobei die Worte einzeln und intensiv betrachtet werden sollen.
- ⇨ Nun werden die Sätze gelesen, wobei man sich immer wieder bewusst machen sollte, mit den Gedanken bei der Tätigkeit zu sein, die man gerade durchführt. Dadurch werden auch Lesefehler weitgehendst vermieden. Erst wenn der Betroffene mit dieser Lesetechnik schon über einen längeren Zeitraum trainiert, kann man in dieser Phase auch die Lesegeschwindigkeit steigern. Auf keinen Fall darf dies am Beginn geschehen.
- ⇨ Schließlich wird der legasthene Mensch mit dem Helfer über das Gelesene sprechen und den Inhalt in eigenen Worten wiedergeben.

Easy Reading Program - Software

Diese Lesetechnik kann auch am Computer durchgeführt werden. Das Easy Reading Program kann man unter **http://www.Easy-Reading-Program.com** testen und auch bestellen. Nur in das Originalprogramm können eigene Texte, beispielsweise Worddokumente oder Texte aus dem Internet, importiert und für das Lesenüben herangezogen werden.
Diese Lesetechnik hilft dabei, das Leseverständnis und die Lesegeschwindigkeit zu verbessern.

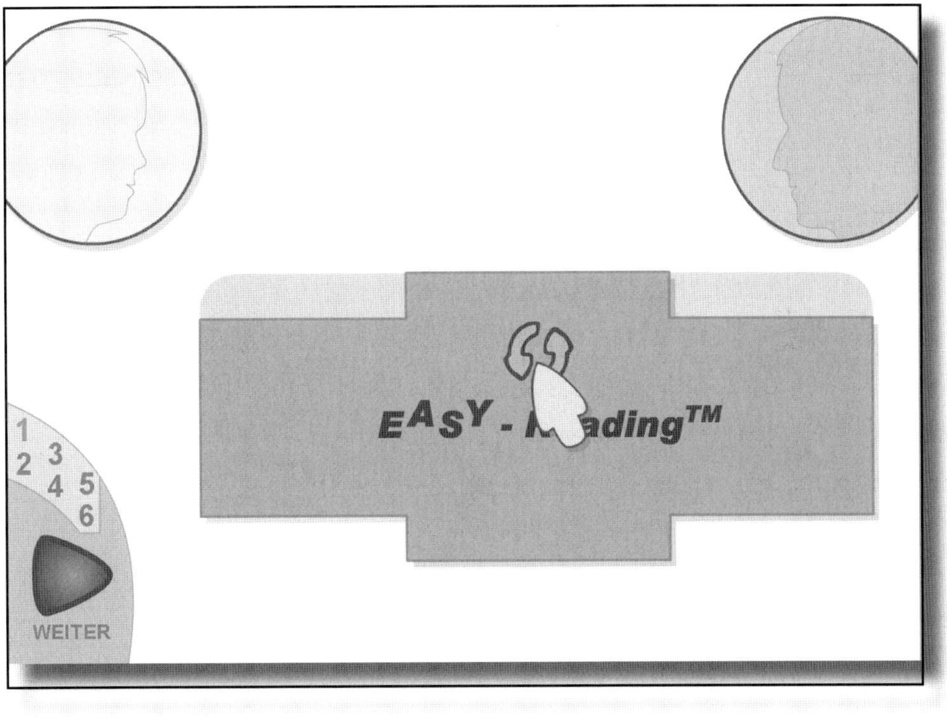

Texte bearbeiten

Der folgende Text soll ein Beispiel dafür sein, wie man anhand von Schriftstücken, die man in Zeitungen, Magazinen, etc. findet, arbeiten kann. Diese eignen sich dafür besonders gut, weil sie meistens über einen einfacheren Stil verfügen, und für den legasthenen Menschen als Übungsmaterial aufbereitet werden können.

Es hat sich bewährt, Zeitungsartikel zu kopieren, um dabei die Buchstaben zu vergrößern, denn größere Buchstaben werden zumeist von legasthenen Menschen als positiv empfunden. Für viele dieser Aufgaben ist es notwendig, dass der Text gelesen wird oder zumindest ist eine intensive Beschäftigung mit den einzelnen Elementen eines Textes notwendig, wie den Buchstaben oder den Wörtern.

Dann kann man verschiedene Aufgaben stellen:

⇨ Der Text kann mittels der Technik des Spellreadings durchgearbeitet werden. Man muss aber darauf achten, dass man in einem Stück nicht mehr als einhundert Wörter bearbeitet.

⇨ Der Text kann Satz für Satz durchgelesen werden. Nacheinem Absatz spricht man über den Inhalt des Gelesenen.

⇨ Über den Text kann eine Kurzzusammenfassung geschrieben werden.

⇨ Der Text kann nach bestimmten Kriterien durchsucht werden. Beispielsweise nach vorgegebenen Wörtern – man sucht alle „der". Man kann auch nach allen Wörtern suchen, die man groß schreibt oder nach allen Wörtern, die man klein schreibt. Dabei ist zu beachten, dass Wörter, die am Satzanfang stehen, sonst nicht unbedingt groß geschrieben werden.

⇨ Man kann auch einen Satz bestimmen und die Anzahl der Buchstaben von Wörtern oder der Wörter eines Textes ermitteln.

⇨ Auch die Menge der Hauptwörter, Zeitwörter oder Eigenschaftswörter eines Textes kann man herausfinden.

Übung 035

Man sucht alle „der" im Text.

Totale Sprechfreiheit oder globale Kontrolle?
Telefon am Handgelenk

Neue Nachrichtensatelliten machen einen weltweiten Telefon-Direktverkehr möglich.

Ein Mini-Telefon am Handgelenk, das wie eine Armbanduhr getragen wird, hätte viele Vorteile: Bei Raubüberfällen, Autounfällen, Herzattacken und anderen Gelegenheiten, bei denen es auf schnellste Hilfe ankommt, könnte sofort Verbindung mit der Polizei, mit Ärzten oder mit der eigenen Familie aufgenommen werden. Eine verlockende Idee, doch läuft hier nicht die Fantasie der Realität davon?

Nicht ganz. Schon gibt es Untersuchungen, die beweisen, dass ein solches Gerät durchaus realisierbar ist. Zwei amerikanische Forscher - Bekeney und Mayer - veröffentlichten vor einiger Zeit in der angesehenen amerikanischen Fachzeitschrift Astronautics & Aeronautics unter dem Titel „1980 - 2000: Raising our Sights for Advanced Space Systems" (etwa „Ausblick auf fortschrittliche

Weltraum-Systeme") eine Analyse, in der ein solches Armbandtelefon genau beschrieben wird.

Bekeney und Mayer gehen von einem sendestarken Satelliten aus, der eine Parabolantenne von immerhin 70 Meter Durchmesser und eine Sendeleistung von 21 Kilowatt hat. Eine besondere Antennentechnik, eine sogenannte Mikrowellenlinse, sorgt dafür, dass der Satellit Signale in 25 Ballungsgebiete innerhalb der Vereinigten Staaten übertragen kann. Diese Versorgungsgebiete sollen Durchmesser von rund 80 Kilometer haben. Für jedes Ballungsgebiet sind 1000 Frequenzkanäle vorgesehen, wobei jeder dieser Kanäle von 100 Teilnehmern gleichzeitig benutzt werden könnte. Insgesamt wäre ein Satellit also in der Lage, 2,5 Millionen Teilnehmer miteinander zu verbinden.

Jeder dieser Teilnehmer soll ein Armbandtelefon als „Bodenstation" tragen, welches aus einem Sender-Empfänger, einer Wahltastatur, dem sonstigen Zubehör eines Telefongerätes und aus einer winzigen Antenne besteht. Das Gerät wäre etwas größer als die heutigen Quarz-Armbanduhren und könnte daher vom Teilnehmer ständig getragen und benutzt werden. Nach Berechnung der beiden Forscher müsste das Armbandtelefon das Signal mit nur 25 Milliwatt Sendeleistung abstrahlen. Die Armbandtelefone selbst, in integrierter Schaltkreistechnik aufgebaut, sollen nach Angabe von Bekeney und Mayer in der Massenproduktion nur etwa zehn Dollar pro Stück kosten.

Das Entwicklungsrisiko gilt dabei als sehr gering; die Kosten für Entwicklung, Fertigung und Start des benötigten Satelliten schätzen die beiden Experten auf 300 Millionen Dollar. Sie glauben sogar schon heute, dass ein Ausbau des Systems auf zum Beispiel 1000 Antennenkeulen und 100 Millionen Teilnehmer möglich ist: 100

Millionen Menschen mit Armbandtelefonen könnten in absehbarer Zukunft jederzeit miteinander telefonieren.

Als sei diese Möglichkeit nicht fantastisch genug, eröffnet ein solches Armbandtelefon mit seiner Schaltung über Nachrichtensatelliten noch weitergehende Perspektiven. Mit der scharfen Bündelungsfähigkeit der großen Antennen ließen sich zwei fächerförmige Strahlen erzeugen, von denen der eine in Nord-Süd- und der andere in Ost-West-Richtung schwenkbar wäre, so dass mit Hilfe bestimmter Impulse sogar der Standort eines Armbandtelefon-Trägers bis auf 100 Meter genau bestimmt werden könnte.

Damit entstehen jedoch Möglichkeiten, die erschreckend sind. Nicht nur, dass Angehörige aller möglichen mobilen Dienste - etwa Polizei, Post, Bahn, Schiff- und Luftfahrt, Speditionen - jederzeit und überall ihre eigene Position genau an eine Zentrale melden könnten. Dies ist ja, wenn auch in bescheidenerem Maße und lokal begrenzt, vereinzelt heute schon möglich. Neu wäre aber die Möglichkeit, auch Güterwagen, ja selbst Koffer oder Pakete mit einigen extrem billigen Mini-Sendern auszurüsten, so dass von einer Zentrale aus, computergesteuert, jederzeit eine genaue Kontrolle des in Umlauf befindlichen Materials möglich wäre.

Das aber hat nicht nur erfreuliche Seiten. Denn mit der neuen Technik eröffnet sich zumindest theoretisch die Möglichkeit einer geradezu absoluten Kontrolle, wie sie selbst George Orwell nicht bedrückender hätte erfinden können. Menschen und Güter als winzige elektrische Ladungen in riesigen Computer-Terminals: Die Welt als elektronisch kontrollierter Verschiebebahnhof?

Damit nicht genug. Die Satelliten, die einmal das Telefon am Handgelenk ermöglichen sollen, benötigen Dutzende von Kilowatt elektrischer Energie, die sich im Weltraum am besten mit Kernkraft gewinnen lassen. Zur hundertprozentigen Kontrolle durch Satelliten käme also unter Umständen noch die Gefährdung durch radioaktives Material über unseren Häuptern. Dafür - so die Experten - würde dann das Telefon am Handgelenk selbst solch exotische Dinge wie einen sogenannten Abstimmungs-Signalgeber ermöglichen.

Schon haben Fachleute errechnet, was ein solcher Signalgeber leisten könnte: Bei Wahlen und Volksabstimmungen würde jeder Wahlberechtigte seine Stimme über Satelliten der Wahlzentrale melden. Das genaue Wahlergebnis eines 100-Millionen-Volkes könnte damit dann angeblich innerhalb von einer Stunde vorliegen.

Vermutlich werden es jedoch nicht abstimmungswillige Bürger oder harmlose Geschäftsleute sein, die als Erste die Direktruftechnik via Satellit nützen. Schon wurde, wie das amerikanische Nachrichtenmagazin Newsweek jetzt meldet, eine Art primitives Handgelenktelefon von einem sowjetischen Spion in der persischen Hauptstadt Teheran eingesetzt: Der Spitzel erhielt seine Anweisungen direkt aus der Sowjetunion - via Satellit und über einen Empfänger, der aussah wie ein elektronischer Taschenrechner.

Anatol Johansen (c) DIE ZEIT 1978
(Der Text wurde in die neue Rechtschreibung gesetzt,
damit es nicht zu Verwirrungen bei den Benützern kommt.)

Von der Technik unterstützt

Für die praktische Arbeit und zur Unterstützung für das Schreiben- und Lesenlernen ist der Gebrauch eines Computers unerlässlich. Er ist heute bei der Förderung von legasthenen Menschen überhaupt nicht mehr wegzudenken. Der Computer hilft beim Schreiben mit einer Rechtschreibüberprüfung, die tatsächlich zwar nicht hundertprozentige Sicherheit mit sich bringt, aber doch eine gute Hilfe darstellt. Forschungen haben gezeigt, dass sich legasthene Menschen mit diesem Medium besonders gut zurechtfinden und zumeist wesentlich geschickter damit umgehen als nichtlegasthene Menschen. Deshalb findet man auch im Bereich der Computerspezialisten auffallend viele legasthene Menschen.

Im Umgang mit der Tastatur und der Maus entwickeln sie außergewöhnliche Techniken, wobei ein Zehnfingersystem von Legasthenikern nie benützt wird, weil es ihnen widerstrebt und sie es, wenn überhaupt, nur mangelhaft erlernen. Es zeigt sich aber, dass die Notwendigkeit nicht gegeben ist, weil mit eigenen Techniken gute Geschwindigkeiten beim Schreiben erzielt werden. Da legasthene Menschen lieber am Computer schreiben, wird dadurch leider die Handschrift vernachlässigt, was soweit führen kann, dass man sich dieser immer schwerer bedient. Der legasthene Mensch sollte selbst darauf achten, regelmäßig die Handschrift zu gebrauchen, damit diese nicht verkümmert.

Im Umgang mit dem Internet, mit dem Mailen oder auch SMS-Versenden, zeigt der legasthene Mensch zumeist großes Geschick. Obwohl gerade in diesen Bereichen nicht besonders großer Wert auf die Richtigschreibung gelegt wird – manche Menschen bedienen sich hier auch der Umgangssprache, eines Dialektes, benützen sonst nicht

gebräuchliche Abkürzungen, etc. –, so ist es aber doch von Vorteil, wenn man die Grundzüge der Rechtschreibung beherrscht, dies gilt auch für den legasthenen Menschen. Auch eigene Lesetechniken werden von legasthenen Menschen im Zusammenhang mit der Benützung des Computers entwickelt. Man beobachtet, dass Texte mit dem Auge gescannt und nicht mehr Wort für Wort gelesen werden, der Inhalt aber trotzdem aufgenommen wird.
Bei der Worterarbeitung eignen sich für das Training am Computer besonders Programme mit dreidimensionalen Buchstaben. Auf der beiliegenden CD-Rom befindet sich so ein Programm.
Auch aus dem Internet kann man es downloaden unter
http://spiele.legasthenietrainer.com

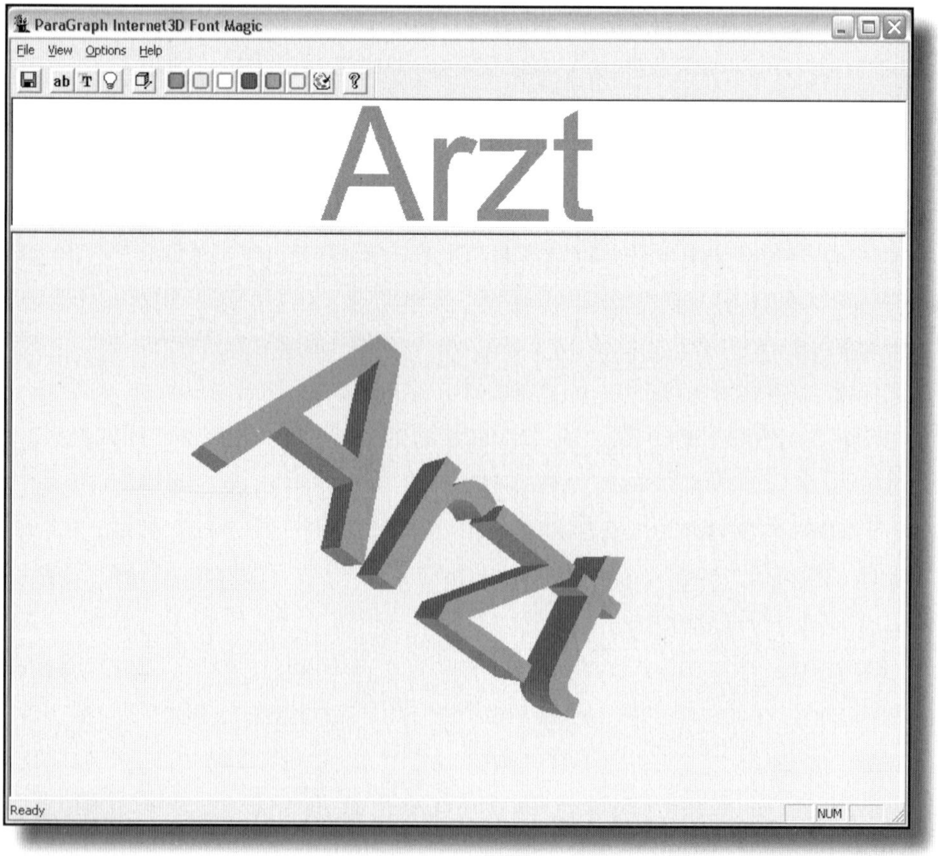

Wichtig ist vielleicht noch zu erwähnen, dass am Computer schriftliche Ausfertigungen wie z.B. Briefe heute nicht mehr den strengen Richtlinien der äußeren Form unterliegen.
Doch nicht nur das technische Medium des Computers, sondern auch Tonaufzeichnungsgeräte, etwa Kassettenrecorder, eignen sich zur Unterstützung eines Trainings. So können aufgesprochene Texte abgeschrieben werden, ohne dass man dafür eine zweite Person benötigt. Auch deutlich selbst aufgesprochene Wörter oder Sätze unterstützen eine Worterarbeitung.
Besonders bewährt hat sich das Medium der DVD für ein Legasthenietraining. Durch die Möglichkeit der Einblendung von Untertiteln wird es möglich, ein Lesetraining, das zumeist auch für Spaß sorgt, zu gestalten.

Nachwort

Das vorliegende Werk ermöglicht Menschen, die geringe bis keine Kenntnisse im Schreib- und/ oder Lesebereich besitzen, sowohl teilweise im Selbststudium als auch mit Helfern oder mit Spezialisten, die Schreib- und Lesefähigkeit weitreichend zu erwerben oder zu verbessern und den grundsätzlichen Anforderungen in diesen Bereichen gerecht zu werden. Auch für Spezialisten, die ein gezieltes Training mit Erwachsenen durchführen, ist es für die praktische Arbeit eine Bereicherung, weil es den zahlreichen Individualitäten im Bereich der Legasthenieproblematik gerecht wird. Wichtig ist stets der unumstößliche Wille des Betroffenen, sich intensiv mit der Materie des Schreibens und Lesens zu befassen, was viel Übung und damit Zeit erfordert. Im umfangreichen Übungsteil kann man aus zahlreichen Übungen aussuchen und damit trainieren. Die Fülle der Anregungen garantiert eine langfristige Beschäftigung mit den Problemgebieten im Symptombereich. Bei Bedarf kann man auch noch mit geringem Aufwand anhand der Beispiele zusätzliches Übungsmaterial selbst kreieren und verwenden.

Von großer Wichtigkeit ist aber für den Betroffenen, noch vor Beginn des Trainings eine ausreichende Vergangenheitsbewältigung vollzogen zu haben. Dazu ist es notwendig, sich mit der Problematik ausreichend auseinandergesetzt zu haben und zu wissen, warum die Dinge eben so sind, wie sie sind, nicht mit dem Schicksal zu hadern, sondern es zu akzeptieren. Dies ist dadurch zu erreichen, dass man sich mit den theoretischen Ausführungen über die Legasthenie und LRS im Buch auseinandersetzt oder durch ein ausführliches Gespräch mit einem Spezialisten.

Erst dann ist es möglich, sich mit Gegenwartsfragen auseinanderzusetzen und ein gezieltes und damit erfolgreiches Training zu durchlaufen. Viel Fleiß und Ausdauer ist in jedem Falle dafür nötig, um sich mit seinem Können den Anforderungen der Gesellschaft und natürlich auch seinen eigenen Bedürfnissen in den Bereichen des Schreibens und Lesens anzunähern. Nur unter diesen Bedingungen werden auch für legasthene Menschen oder Menschen mit erworbenen Schreib- und/ oder Leseproblemen, die Zukunftsperspektiven sowohl in allgemeinen Lebenssituationen als auch im Berufsleben als äußerst positiv zu sehen sein.

Literatur

Braschi, Manuel Ortiz: Discover Tips and Tricks for Beating Adult Dyslexia! 2008.

Dürre, Rainer: Legasthenie – das Trainingsprogramm für Ihr Kind, 2008.

Earl, Jack: Beating Adult Dyslexia, 2009.

Fingeret, Hanna; Drennon Cassandra: Literacy for Life: Adult Learners, New Practices, 1997.

Fitzgibbon, Gary; O`Connor, Brian: Adult Dyslexia: A Guide for the Workplace, 2002.

Hultquist, Alan M.; Corrow Lydia T.: What is Dyslexia? A Book Explaining Dyslexia for Kids and Adults to Use Together, 2008.

Johnson, Samuel: Discover Tips And Tricks For Beating Adult Dyslexia, 2008.

Jordan, Dale: Overcoming Dyslexia in Children, Adolescents, and Adults, 2002.

Knight, Joan R.: Adults with Dyslexia: Aspiring and Achieving, 1997.

Kopp-Duller, Astrid: Der legasthene Mensch, 4. Auflage, 2004.

Kopp-Duller, Astrid: Legasthenie - Training nach der AFS-Methode, 3. Auflage, 2008.

Kopp-Duller, Astrid; Pailer-Duller, Livia R.: Legasthenie - Dyskalkulie!? 2008.

Kopp-Duller, Astrid; Pailer-Duller, Livia R.: Training der Sinneswahrnehmungen im Vorschulalter, 2. Auflage 2008.

Kopp-Duller, Astrid; Pailer-Duller, Livia R.: Dyskalkulie - Training nach der AFS-Methode, 3. Auflage 2009.

Lawrence, Denis: Dyslexia in Adult Education: Questions and Answers, 2007.

McKeown: Supporting Adult Learners with Dyslexia: Harnessing the Power of Technology, 2006.

McLoughlin David; Fitzgibbon, Gary; Young, Vivienne: Adult Dyslexia: Assessment, Counselling and Training, 1994.

Motta, Janice: Impact! Adult Literacy and Language Skills, 1998.

Nosek, Kathleen: Dyslexia in Adults: Taking Charge of Your Life, 1997.

Reid Gavin; Kirk, Jane: Dyslexia In Adults: A Practical Guide for Working and Learning, 2001.

Taylor, Catherine: A Useful Dyslexia Handbook for Adults, 2008.

Trevino, Taylor: Tips and Tricks for Beating Adult Dyslexia, 2009.

Anhang

Lösungen zu den Übungen

Lösung 001

Wir müssen der Jugend den Glauben an die Demokratie wiedergeben. Das äußere Bild von Parteien und Parlamenten genügt nicht, den Geist der Demokratie müssen wir in die Massen hineingießen, die nicht verstehen, dass die eigene Ansicht nur begrenzten Wert hat. Uns einzuordnen in eine höhere Gemeinschaft, müssen wir lernen, nicht in dem Sinne, dass wir sklavisch einem Schlagwort nachlaufen, mag es im Augenblick uns noch so gefangen nehmen, sondern dass wir uns bewusst werden, nur Teil des Ganzen zu sein. Wenn wir politisch mit anderen Menschen um eine neue Form ringen, so nur als Gegner, nicht als Feinde.

Lösung 002

Dieses Bündnis, unterbaut durch dauernden Gedankenaustausch militärischer Stellen, gefestigt durch enge politische Bindung und gerüstet durch die gemeinsame Kenntnis der Atomenergie und der in ihr schlummernden Kräfte der Zerstörung, wäre allerdings stark genug, jede nur denkbare Bedrohung des Weltfriedens zu beschwören. Als der zweite Weltkrieg zu Ende ging, verfügte Nordamerika allein über eine Kriegsflotte, die doppelt so stark war wie sämtliche übrigen Kriegsflotten der Erde zusammen; über eine Luftwaffe, die doppelt so stark war wie sämtliche sonstige Luftflotten der Erde zusammen, und über ein Rüstungspotential für das Landheer, das wiederum doppelt so stark war wie sämtliche Rüstungspotentiale der Erde außerhalb Amerikas zusammengenommen. Das ist die Macht, die auch in einem zukünftigen Krieg hinter den Vereinigten Staaten und seinen Bundesgenossen stehen würde.

Lösung 003

Wer unfair spielt, wer gewissenlos die Spielregeln bricht oder verfälscht, den müssen wir ausmerzen, aber nicht, weil er anderer Meinung ist als wir, sondern weil er das faire Spiel böswillig stört. Nur diese Böswilligkeit jedoch kann Maßstab für unsere Einstellung sein, nicht die Meinung oder Einstellung. So werden wir ihm zu seiner Verteidigung alle berechtigten Freiheiten gewähren, und ihn nicht verurteilen, ohne ihn gehört zu haben. Den Gegner, der uns offen entgegentritt, werden wir gewiss bekämpfen, um ihn zu überwinden, aber wir werden auf uns selbst achten, dass wir uns dabei nicht von Leidenschaften innerlich vergiften lassen, die mit dem sachlichen Kampf nichts mehr zu tun haben. Nur so werden wir die Demokratie im Herzen tragen, nicht nur ihren hohen Namen auf den Lippen führen.

Lösung 004

Der Hintergrund, vor dem sich heute Weltpolitik abspielt, mag wohl manchem auch Beherzteren dunkel und wolkenverhangen erscheinen. Jede einzelne der eben kurz zusammengestellten Nachrichten birgt Gefahren in sich. Wer wollte die Augen davor verschließen? Wir sind eben erst einer Welt entstiegen, die nur Kampf und Streit und Krieg zu kennen schien. Jahrelang haben wir auf den Augenblick gewartet, da das süße Wort Frieden auf aller Lippen sein würde, da die Menschen einander wieder als Brüder, als Freunde, als Leidensgenossen im großen gemeinsamen Ringen um Freiheit, Recht und Wahrheit entgegentreten würden. Wie sollen wir es ertragen, wenn wieder von Bündnissen, strategischen Erwägungen und Machtansprüchen gesprochen wird?

Lösung 005

Über Städtebau wird viel gesprochen, was Städtebau eigentlich sei, ist weitgehend unbekannt. Viele meinen, er sei ein Mittel, um schönen Baugruppen, Plätzen, Parkanlagen, Denkmälern und Fontänen zur Existenz zu verhelfen. Wer weiter denkt, wird auch Fabriken, Verkehrs- und Hafenanlagen nicht vergessen: Als störende Elemente, die man ausklammern muss, sind sie zugelassen, denn in das Kunstwerk, das große architektonische Kunstwerk, der Stadt passen sie nicht hinein. Dies alles sind Missverständnisse. Städtebau ist keineswegs allein oder in erster Linie eine architektonische Aufgabe. Das Kunstwerk einer richtigen Stadtplanung entsteht aus dem gleichberechtigten Zusammenwirken vieler verschiedenartiger Faktoren aus allen Gebieten der Technik und des Lebens.

Lösung 007

das Schöne
der Undankbare
die Fleißige
der Fremde
das Erfreuliche
der Lustige
die Schlechte
der Neue
die Alte
der Jugendliche
der Dumme

die Beste
das Wichtigste
der Schwarze
der Einheimische
das Gute
das Besondere
das Traurige
das Interessante
das Brauchbare

Lösung 008

das Pfeifen
die Berührung
das Rauchen
das Kochen
das Schwitzen
das Laufen
das Hupen
das Bremsen
das Bellen
das Schreien
das Schreiben
das Lesen
das Kühlen
das Einfrieren
das Schnattern
das Tanzen
das Trocknen
das Schleifen
das Prahlen
das Strahlen

Lösung 009

Wir ersuchen Sie dringend, die bestellte Ware abzuholen.
Mir gefällt dein Ton, in dem Du mit mir sprichst, nicht.
Ich wünsche Ihnen schönen Ferien und kommen Sie gesund wieder.
Wann hatten Sie Ihr Auto in der Werkstatt?
Wie Sie aus den beigefügten Gutachten ersehen können, liegt der Fehler nicht bei uns.
Wir werden uns bemühen, Ihre Erwartungen zu erfüllen!
Dass du nach meinem Befinden fragst, freut mich sehr.
Mir geht euer Plan nicht mehr aus dem Kopf.
Ich freue mich, euch bald wieder zu sehen.
All das geht dich eigentlich gar nichts mehr an.

Lösung 010

Niemand ahnte tags zuvor, dass er schon schwer krank war.
Heute weiß man, dass der Plan seit langem bestanden hatte.
Er wurde wegen mangels an Beweisen freigesprochen.
Sie wurde von klein auf darauf vorbereitet.
Zu der Gedenkfeier waren die Leute von nah und fern gekommen.
Über kurz oder lang war mit dem Zusammenbruch zu rechnen.
Warum er tags zuvor nicht gekommen war, wusste sie auch nicht.
Bis auf weiteres wurde die Produktion eingestellt.
Die Lage spitzte sich angesichts der Drohungen deutlich zu.
Man wusste, dass er zeit seines Lebens die Forderung nicht erfüllen wird.

Lösung 011

Er gibt den Namen seines Komplizen nicht preis.
Du bist schuld, dass wir nun so verschuldet sind.

Er sagte, es sei um den Mann nicht schade.
Bei dem Gedanken wird mir angst und bange.
Ich glaube, er ist es leid, immer wieder die gleichen Lügen zu hören.
Sie tut recht, wenn sie dir nicht mehr glaubt.
Anscheinend hält er dem Druck nicht stand.
Man hörte Gerüchte, dass die Firma pleite sei.
Sie wollte von Anfang an nicht daran teilnehmen.
Ich glaube nicht, dass er willens ist, die Wahrheit zu sagen.

Lösung 012

Er wünscht sich in seinem tiefsten Inneren, dass sie zu ihm zurückkommt.
Er gibt sich die Schuld am Scheitern dieser wunderbaren Beziehung.
Sie ist sich nicht im Klaren darüber, was jetzt geschehen wird.
Er hat das Gefühl, nicht tatenlos zusehen zu dürfen.
Der eine geht, der andere kommt.
Es ist einmal etwas anderes, Tee in der Früh zu trinkenm.
Die beiden können sich doch nie einig werden.
Kann jemand diesen Hund an die Leine nehmen?
Die Frau lehnte dankend ab und sagte: „Nein, danke, aber ein andermal vielleicht."
Das gibt es doch nicht, dasselbe ist mir gestern auch passiert.
Er sagte: „Ich möchte Sie bitten, mich zu begleiten."
Im Allgemeinen gesehen, ist das ja nichts Besonderes.
Das Ganze gefällt mir nicht.
Das Schlimme daran ist, dass sie jetzt ganz alleine ist.
„Danke fürs Wecken."
Das tut mir wirklich sehr Leid.
Da wird mir aber angst und bange.
Da hast du aber Unrecht.
Er setzt einen Schlusspunkt unter das geistige Auf und Ab des Tages.

Es hat über Nacht zu schneien angefangen.
Es regnet weiter, und es ist kein Ende in Sicht.
Kannst du jetzt bitte endlich Ruhe geben?
Im Großen und Ganzen ist das ja nichts Neues.
Ich bin mir ganz und gar nicht sicher, ob ich zu diesem Treffen gehen kann.
Sie ist die Einzige, die zu ihm hält.
Es ist ja immer wieder das Gleiche mit dir.
Sie sind der Nächste.
Der Einzelne ist nicht wichtig, nur die Gruppe.
Das Ganze geht mir schon so auf die Nerven.
Der Tote hat nichts Geschriebenes hinterlassen.
Nach manchem Hin und Her stimmte sie dem Vertrag zu.
Er hat nur dank der Hilfe eines Bekannten den Job bekommen.
Du musst nur noch ein paar Monate durchhalten.
Du bist der schnellste von allen Läufern.
Sein schnelles Laufen brachte ihn außer Atem.

Lösung 013

Keiner versteht Gregors gute Absichten.
Der früher gebrechliche, alte Mann entpuppt sich als starkes Familienoberhaupt.
Er scheint ihr zu vertrauen.
Sie hat ihr ganzes Leben mit dieser Lüge gelebt.
Er gibt sich die Schuld am Scheitern dieser Beziehung.
Eine frühzeitige Entlassung hätte eine totale Umwälzung ihres Lebens bedeutet.
Er gibt sich die Schuld am Scheitern dieser Beziehung.
Michael erhoffte sich eine angenehme Lösung dieses Konflikts.
Die ehemaligen Wärterinnen der Anstalt werden wegen ihrem unkorrekten Verhalten zur Verantwortung gezogen.

Er hat das Gefühl, nicht tatenlos zusehen zu dürfen.
Die Lähmung seines Arms behindert ihn sehr.
Das geht über kurz oder lang wieder auf Kosten des Steuerzahlers.
Die Politik sollte die Sicherheit der Staatsbürger gewährleisten.
Die Staatsverschuldung führt nämlich zu einem Teufelskreis.
Die Regierungen agieren in einem viel zu großen Umfeld.
Störend bei dieser Kurzgeschichte ist, dass sie zu verschiedenen Zeiten spielt.
Eigentlich hätte er das Vieh verscheuchen sollen.
Die Empörung über diesen Zwischenfall war groß.
Sein Hohn war wirklich unübertrefflich.
Seine Miene erhellte sich, als er sie sah.
Wahrscheinlich hast du Recht.
Er schien überall von Bläschen übersät zu sein.
Kannst du nicht endlich Ruhe geben?
Er erwidert ihre Annäherungsversuche nicht.
Er möchte sie gerne wiedersehen.
Er konnte seine Freiheit wiedergewinnen.
Er wehrte sich, diese Jacke anzuziehen.
Die Garantie ist für den Staubsauger nicht mehr zu gewährleisten.
Ich kann dir diese Bitte nicht gewähren.
Er war von ihr ziemlich beeindruckt.
Sie hatte aber nur mäßiges Interesse an ihm.
Die Behörde verhindert seine Reise, indem sie ihm seinen Pass entzieht.
Beim Skilaufen fror sich das Mädchen fast zu Tode.
Es ist mir eine Ehre, Sie kennen zu lernen.
Der Junge fühlte sich nicht gut, so wurde er von der Schule nachhause geschickt.
Die Menschen fliehen vor den Bomben.

Lösung 014

Ich habe gehört, dass es bald Krieg geben wird.
Das Mädchen, das dort an der Ecke steht, gefällt mir sehr gut.
Mir scheint, das müsste fürs Erste genügen.
Dass ich die neue Stelle annehmen werde, ist noch nicht gewiss.
Es gehört sich nicht, dass du immer wieder zu spät kommst.
Dass es regnen wird, ist eher unwahrscheinlich.
Der Polizist behauptete, dass ich zu schnell gefahren wäre.
Es ist nicht richtig, dass er ständig in der Schule fehlt.
Das Stoppschild, das er soeben überfahren hatte, war schlecht zu sehen.
Sein Verhalten, das er an den Tag legt, finde ich beschämend.
Meine Mutter meinte, dass wir noch genügend Zeit hätten.
Gestern passierte mir, dass ich das Mädchen, das am Straßenrand stand, nicht sah.
Dass es mit dem neuen Wagen Schwierigkeiten gab, wurde von der Lieferfirma sehr bedauert.
Sie hat nicht gedacht, dass die Lieferung so schnell eintreffen wird.
Dass das Mädchen das hinweisende Fürwort mit ss geschrieben hat, das war falsch.

Lösung 015

Heute habe ich erfahren, dass wir drei neue Mitarbeiter bekommen.
Das Geschäft, das ganztägig geöffnet war, wurde nun für immer geschlossen.
Das Lied, das ich hörte, kam mir bekannt vor.
Es war eine falsche Anschuldigung, dass ich nicht aufgepasst hätte.
Gestern sah ich meinen besten Freund nach langer Zeit wieder, das machte mich glücklich.
Dass er mich besuchte, das war mir gar nicht recht.

160

Sie hoffte, dass sich der schlimme Verdacht nicht bestätigen würde.
Das Wetter, das so schön war, hielt leider nicht den ganzen Tag.
Ich hörte, dass das Kind weinte und ging zum Kinderwagen.
Das Pferd, das auf der Weide graste, kannte ich schon sehr lange.
Glück und Glas, wie leicht bricht das.
Dass das Verhalten der Autofahrer immer rücksichtsloser wird, ist traurig.
Ich hatte Glück, dass die Explosion nicht direkt in meiner Nähe passierte.
Dass hier die Einfahrt verboten ist, dass wusste ich nicht.
Sie sagte mir, dass die Zeit bereits abgelaufen war.

Lösung 016

Das Gefühl betrogen worden zu sein, das verließ mich nicht.
Dass das Auto betankt werden muss, das war mir klar.
Der Krieg war die Ursache, dass tausende Menschen getötet wurden.
Dass es zu schneien beginnt, das hofften alle in dieser Ferienregion.
Das Kind, das ich im Kinderwagen sitzen sah, kam mir bekannt vor.
Heute weiß ich, dass er mich ständig belogen hat.
Das optimale Klima gibt es wohl nicht, das wurde mir bald klar.
Dass ich zu wenig arbeite, das war wohl die falsche Behauptung.
Dass das Schreiben und das Lesen eine schwierige Sache ist, das weiß ich nur zu gut.
Das Haus, das er mir gezeigt hatte, war aber unbewohnbar.
Dass das Geld nicht reichen würde, hatte ich schon vermutet.
Dass auch Pflichten mit seiner Position verbunden waren, das wollte er nicht akzeptieren.
Heute weiß ich, dass der Umgang mit dem Mann unnütz war.
Dass die Geldtasche, welche ich gefunden hatte, so viel Geld enthielt, vermutete ich nicht.

Das hatte ich nicht gedacht.
Das habe ich gleich gesagt, dass man so nicht weiter kommt.

Lösung 017

Das Telefon läutete so lange, dass ich es noch schaffte, den Hörer abzunehmen.
Die schöne Füllfeder, das war mir klar, würde sehr teuer sein.
Das Buch, das ich mir am Flughafen gekauft hatte, las ich während des Fluges.
Das Foto, das er mir zeigte, hatte ich schon vorher gesehen.
Gestern sagte er mir, dass er mich verlassen wolle.
Der Blutdruck war so hoch, dass die Gesundheit gefährdet war.
Das Hotelzimmer, das ich betreten hatte, war sehr hübsch eingerichtet.
Die Zimmerpflanze war so schwer, dass ich sie nicht allein verrücken konnte.
Dass es heute noch regnen wird, war eigentlich vorausgesagt worden.
Dass die Kinder nicht gut erzogen waren, das merkte man ständig.
Dass mein Gesprächspartner nicht verstand, was ich sagte, das war mir nicht entgangen.
Dass die Uhr vorging, das war mir noch nicht aufgefallen.
Dass das Geschehen blankes Entsetzen bei ihr hervorrief, das konnte ich sehr gut verstehen.
Ich hatte immer geahnt, dass es einmal soweit kommen würde.
Dass ich sie liebte, das hatte ich ihr nie gesagt.

Lösung 018

messen, lesen, unermesslich, leise, grüßen, draußen, Hirse, fließen, Erbse, essen, Insel, gießen, Blase, schießen, genießen, Rose, lassen,

Dose, frisst, schließen, Bluse, fressen, Reise, messbar, fleißig, Besen, Kuss, Fuß, süßen, vergessen

Kaiser, büßen, Pause, Weise, hässlich, spaßen, heiser, böse, gewisse, beißen, Autobus, verlässlich, heiß, groß, Geheimnisse, fressbar, süß, mäßig, Atlas, wissbegierig, müßig, Ereignis, Hass, küssen, Gefäß, weiß, pressen, Messband, Zeugnis, Schluss

Spaß, Pass, Gruß, Kürbis, Fass, Zirkus, Ross, Begräbnis, Stoß, Riss, Verhältnisse, Biss, Regenguss, Strauß, Missbrauch, Vase, weise, Ausguss, ein bisschen, Verschluss, bloß, Apfelmus, Frist, Küste, Mist, griesgrämig, fast, Schüssel, Tasse, Wesen

Läuse, List, riesig, als, Dachs, fassen, eisig, also, fast, hassen, fest, rissig, lustig, meist, wissen, stets, gesund, was, Eis, Fleiß, langsam, Wasser, Eisen, Gans, einschließlich, Angst, aufmerksam, Liste, befassen, Hauptsache

Fassung, Wissenschaft, müssen, auslassen, als, unterdessen, stoßen, Auffassung, meistens, beispielsweise, vorlesen, besonders, visuell, Kongress, Großbritannien, verlassen, Masse, zulassen, Straße, bewusst, wesentlich, Hose, Klosett, Sessel, Versicherung, Kloß, Ast, Gelse, Spieß

Lösung 019

Wir lassen uns das Wochenende nicht durch das schlechte Wetter verderben.
Zum Schluss kam dann doch noch der Regen.
Er versuchte, den Abstand zur Mauer zu messen.
Die Soldaten grüßen den Präsidenten zu seinem Geburtstag.

Durch eine List wurden die Beteiligten der Expedition zur Aufgabe gezwungen.
Beim Abschied gab er ihr einen Kuss.
Es waren hauptsächlich die Männer in der Öffentlichkeit zu sehen.
Der Hund frisst so schnell, dass man es kaum glauben kann.
In der Dose befand sich eine ganze Mahlzeit.
Er legte einen großen Fleiß an den Tag, damit er in der Schule Erfolg hatte.
Langsam begannen sich die Verhältnisse in der Stadt zu normalisieren.
Der Autobus raste mit hoher Geschwindigkeit den Berg hinab, weil die Bremsen defekt waren.
Ich weiß nicht, wie es weitergehen soll, denn wir haben nichts mehr zu essen.
Er garantierte mir, dass er verlässlich sein wird, und ich mich auf ihn verlassen werde können.
Sie warf den Rest der Speisen, die sich in der Schüssel befanden, in den Mistkübel.
Aufmerksam verfolgten wir die Geschehnisse im Fernsehen.
Wir konnten gar nicht fassen, dass das Unglück passiert war.
Der Erdstoß war so stark zu spüren, dass die Bewohner die Häuser fluchtartig verließen.
Der Man war so hässlich, dass man seinen Blick abwenden musste.
Wir müssen uns mit den Vorfällen leider abfinden.
Sein Wissen über die verschwundenen Gegenstände war größer, als er zugeben wollte.
Er wurde besonders lange verhört, weil die Polizisten nicht an seine Unschuld glaubten.
Der Hass gegen die Besatzer war im ganzen Lande stark zu spüren.
Die unermesslich wertvollen historischen Gegenstände wurden im Kriegsgewirr gestohlen.
Die Türe ließ sich nur mit Gewalt schließen.

Er liest das Buch nun schon zum zweiten Male und es fasziniert ihn noch immer.
Ich konnte das Maßband, welches ich gekauft hatte, nun nicht finden.
Der Schüler war außergewöhnlich wissbegierig und hinterfragte alles.
Der Verschluss des Rucksackes klemmte öfters.
Sie konnten den Urlaub nicht genießen, da sie alle erkrankt waren.
Es ist nicht zu fassen, welche Lügen er uns immer wieder auftischte.
Er musste nun seine Verbrechen im Gefängnis abbüßen.
Von draußen waren schwere Detonationen zu hören.
Er hätte durch seine Griesgrämigkeit fast alles verloren.
Die Grießsuppe, welche Mutter macht, schmeckt sehr gut.
Ein eisiger Wind blies mir ins Gesicht, als ich ins Freie trat.
Er hielt die gesamte Macht fest in der Hand.
Es war sehr müßig, sich durch den hohen Schnee zu kämpfen.
Die Versicherung bezahlte den großen Schaden nicht.
Fast hätte er auf ihren Geburtstag vergessen.

Lösung 020

Es war eine große Befriedigung und Genugtuung, als nach dem Terror der Nazidiktatur die Vereinten Nationen 1948 die Erklärung der Menschenrechte verkündeten. Gewiss, es gab Bürgerrechte, beispielsweise Wahl- und Niederlassungsrecht, aber Menschenrechte, die von einem sittlichen Menschenbild ausgehen und die Würde und Unversehrtheit des Menschen in den Mittelpunkt stellen, die gab es nicht.

Die Menschenrechte garantieren das Leben und die körperliche Unversehrtheit, die Freiheit der Person, des Glaubens und des Gewissens. Von einer wirklichen Garantie kann freilich keine Rede sein, denn die Erfüllung hängt von der Bereitschaft der jeweils Regierenden und von dem guten Willen der Bürger ab.

Es gibt dabei viele Schwierigkeiten: Die Auffassung von dem, worum es sich bei den Menschenrechten handelt, hat mit Kultur und Tradition, Sitte und Religion zu tun. Die Auffassung der westlichen Welt geht vom Individuum aus, während in großen Teilen der Dritten Welt, in Afrika und Asien, die Solidarität des Familien- und Stammesverbunds das Wichtigste ist.

In diesen Ländern bekommt man als Westler immer wieder den Vorwurf zu hören: „Eure Menschenrechte dienen ja nur eurem Hegemoniestreben. Früher, im Kolonialzeitalter, da habt ihr uns beherrscht, weil ihr die Stärkeren wart und wir die Schwachen. Heute versucht ihr es, indem ihr eure spezifische Auffassung der Menschenrechte der ganzen Welt zu oktroyieren versucht." Derlei Eurozentrismus sei unstatthaft, so meinen sie.

Übrigens mit einem gewissen Recht. Natürlich sind manche unserer Maßstäbe, die den bürgerlichen Alltag betreffen, jener Welt diametral entgegengesetzt; beispielsweise ist Polygamie bei uns strafbar, in einzelnen Ländern der Dritten Welt aber nicht nur zulässig, sondern sogar erwünscht. Prügelstrafe ist in Teilen der Welt keineswegs anstößig, sondern üblich. Die Anzahl der Stockschläge wird nach dem jeweiligen Delikt bemessen.

Als vor ein paar Jahren in Singapur - zusammen mit Einheimischen - auch ein Amerikaner der Prügelstrafe unterzogen wurde, da gab es in den Vereinigten Staaten stürmische Erregung ob dieser Verletzung menschlicher Würde. Die Anerkennung universaler Menschenrechte durchzusetzen, ist also nicht leicht.

Wenn es nicht um Probleme der Bürgerrechte geht, sondern um Menschenrechte, dann stehen Folter, Terror und Diskriminierung zur Diskussion. Und da sind die Probleme weit größer, denn es gibt ja keinen Strafvollzug außerhalb der nationalen Grenzen.

Zwar haben die Menschenrechte inzwischen völkerrechtliche Verbindlichkeit erlangt, zum Beispiel mit der Europäischen Menschenrechtskonvention und der Einrichtung des Europäischen Gerichtshofes für Menschenrechte; aber erzwingen lassen sie sich nicht.

Lösung 022

Tisch, Obst, Hund, Ente, Strand, Tasche, Draht, gesund, Heimat, Elend, Gesicht, Grad, Abschied, Furcht, nackt, jemand, Axt, Tugend, Schlucht, Pacht, Handschuh, Ordnung, geschwind, Mond, Gewicht, Verband, Haupt, Geduld, Knecht, blind

Samt, Saite, Bad, zart, Erde, tun, Pfand, Ente, Lied, Zeit, Freund, Freude, Stand, Tanne, Schmied, Mädchen, Tag, hat, Augenlid, Arbeit, Abend, Jugend, Artikel, Macht, Schild, Pferd, Feind, Hemd, Gewalt, Seite

Herd, Glied, notwendig, Gegend, gültig, Feizeit, Bedeutung, Anforderung, Deutschland, während, bekannt, beenden, Trümmer, ständig, Verwaltung, dort, anders, denn, überhaupt, Geld, davon, Paradies, gewaltig, intensiv, Not, Ende, endgültig, Text, auswendig, Gedächtnis

Atom, Unterschied, Kind, konkret, interessiert, Eltern, Methode, praktisch, Idee, Unterricht, Wald, Entstehung, Entwicklung, akzeptieren, Katalog, Wort, Symptom, Wissenschaft, Bild, Kalender, Computer, Händler, Wild, Wächter, Schlächter, Stunde, Toleranz, Mitmenschen, Freundschaft, Latein

Schalter, Drang, Tür, beschlagnahmt, wichtig, Schwert, edel, unter, seltsam, Sucht, Licht, Gürtel, Brot, Trank, Tuch, Acht, alt, Motor, leicht, verschwinden, hart, und, spinnt, Sünde, Decke, Auto, Ladung, Topf, Wand, Teppich

Lösung 023

Die blutige und brandschatzende Meuterei der ägyptischen Sicherheitspolizei ist zu Ende. Der Ausnahmezustand wurde auf eine nächtliche Ausgangssperre reduziert, die in den nächsten Tagen völlig aufgehoben werden soll. Von Sonnenaufgang bis Sonnenuntergang ist Kairo, die Zwölf-Millionen-Metropole, zur vollen Normalität ihres erdrückenden Verkehrschaos und Menschengedränges zurückgekehrt. Auf Flachladern werden die wüstenbraunen Panzer der Armee aus der Innenstadt abtransportiert. Die Internationale Industriemesse öffnet termingerecht ihre Tore, der afrikanische Fußball-Nationen-Cup wird wie geplant angepfiffen. Die Züge, so heißt es offiziell frohlockend, fahren wieder pünktlich. Nach dem panischen Exodus der vergangenen Krisenwoche seien bereits wieder 1200 Touristen aus elf Ländern eingereist, wie die Fremdenverkehrsstatistiker hoffnungsvoll vermelden.

Lösung 024

Zither, Stadt, katholisch, Theater, Gesandte, Gewandtheit, Thema, Sympathie, Bewandtnis, Athlet, Verwandtschaft, Orthographie, Großstadt, Apotheke, Thermometer, verwandt, Thron, Bibliothek, Rhythmus, Thailand

Lösung 025

gelb, Kalb, Weib, April, sterben, Weinrebe, Obst, Raupe, Laube, halb, Tapete, Knabe, plump, Urlaub, Stempel, Treibstoff, Pracht, selbst, grob, schrauben, Lob, Wespe, Alpen, Stube, überhaupt, Sieb, gerben, bar, abpausen, purzeln

Habgier, derb, Taube, Rebhuhn, Stab, räuspern, Gips, Rezept, Glauben, Obdach, strampeln, Erbse, Laub, Staub, stolpern, Körper, paar, Haube, Pumpe, grob, Herbst, Republik, Bub, hübsch, Pause, Albtraum, schreiben, Erbschaft, glaubhaft, Staubsauger

Pendel, Dieb, Papagei, Band, Schnaps, Hieb, Bäcker, Bart, Behörde, Packung, Pacht, Reisepass, Bad, lieb, Park, Paket, blank, Bein, barfuß, Palme, Kabel, Besen, Blatt, Bild, Polster, Lampe, Computer, Box, Buch, Grab

privat, Büste, Ampel, Blitz, Burg, Problem, Tulpe, Boot, Probe, humpeln, Bote, Bühne, Produkt, Preis, Propaganda, Boxer, Bohne, Knirps, Boden, Predigt, Bock, Prügel, Prunk, Butter, Prozess, Profit, Professor, Oper, Kap, Lumpen

Schlips, Blitz, Gips, Hupe, Blech, Operette, Brösel, Sirup, Brosche, Papst, Batterie, Plan, plagen, Brust, Blüte, Pedal, Blut, September, Brücke, Boot, Bremse, Lupe, Brett, Tümpel, Bruder, Kapsel, Brief, Brombeere, Pudding, Pudel

Lösung 026

Bisher gibt es keine überzeugenden Indizien dafür, dass - wie anfänglich gemunkelt - fremde Mächte oder ägyptische Islam-Extremisten hinter der Revolte standen. Sicher riefen syrische, libysche und auch iranische Rundfunkstationen im Äther zum

Volksaufstand gegen die „Mubarak-Diktatur" und gegen den Camp-David-Frieden mit Israel auf. Aber von solcher Propaganda bis zur operativen Aufstandslenkung ist ein weiter Weg. Und um die Fünfzig-Pfund-Beträge, die angeblich bei meuternden Polizisten gefunden und sofort dem Geldgeber Ghaddafi angekreidet wurden, ist es auffallend still geworden. Beim Sturm auf die Hotels wurden schließlich auch Kassenschränke geleert. Dass die Unruhen auch auf andere Städte übergriffen, freilich mit fast mehrstündiger Verspätung, ist ebenso wenig ein Beweis für eine zentrale Aufstandssteuerung. Und wenn die Muslim-Fundamentalisten wirklich Regie geführt hätten, dann wäre das Volk auf die Straßen gegangen. Doch genau das Gegenteil war der Fall: Die Massen hielten sich fern oder verschwanden fluchtartig in ihren Häusern.

Lösung 027

Dampf, hüpfen, Philosoph, Zopf, Apfel, Pfand, impfen, Pferd, Phase, Geschöpf, Rumpf, Pflug, Strumpf, Alphabet, Napf, Opfer, Sumpf, Pflicht, zupfen, Pfeil, Schnupfen, Phosphor, stapfen, Napf, Phantom, Kopf, Physik, Pfad, Trumpf, Prophet, Strophe, anzapfen, empfehlen, Pfarrer, Kopf, Pflaume, Kampf, Triumph, Pfahl, Topf

Lösung 028

Bezirk, Henkel, ganz, links, zänkisch, Onkel, Kanzel, Weg, geistig, legen, Kücken, Fotograf, groß, beherzigen, Grab, küssen, Gans, Kerze, Gedränge, Krone, Gurke, verrenken, eng, Mistgabel, Sarg, verdunkeln, schlagen, Kern, mutig, Garten

Orgel, Geduld, Blinker, Fahrzeug, Sorgfalt, Gasse, nötig, Kartoffel, Gasse, peinigen, Kampf, Gipfel, lenken, Glas, Kater, Kerker, Kamin,

Klingel, streng, Glut, Kalender, Grenze, Karren, vorsichtig, lang, eigenwillig, Ludwig, Spengler, Kreis, Vogel

Gischt, Gesinde, Einrichtung, beschädigen, Irrweg, Knappe, Gesetz, Grütze, auswendig, stinken, Gas, Steige, Gegend, grunzen, Lehrling, schenken, Gruft, Enkel, funken, Grafik, Klotz, sorgen, grau, verflogen, Fänger, kurz, Linderung, Finger, Nagel, Pfennig

betrunken, gerade, Zug, Schurke, Kamel, Gras, krank, Physik, denken, weg, Kajüte, Volk, langsam, erledigen, Berg, Dünger, dunkel, knusprig, Kranz, Karte, Kleid, ewig, begleiten, flink, Kanne, Balken, glauben, Kuss, kann, gegen

Ferkel, wichtig, Kreuz, Telefonkabel, Burg, genau, blank, Bug, Länge, tanken, singen, Lage, gewesen, versinken, genug, Tag, Kalb, Schutzengel, Getränk, Musik, Kamera, Keks, Ärger, knapp, greifen, Säge, gelb, steigen, Gabe, gelten

Lösung 029

Wieder einmal werden Menschen mit der unheimlichsten, heimtückischsten aller Waffen zum Siechtum verdammt oder gar zum Tode befördert: Im Krieg am Golf hat der von immer neuen iranischen Angriffswellen bedrohte irakische Verteidiger offenbar zum ersten Mal chemische Waffen eingesetzt. Irakische Offiziere bekennen, sie hielten jedes Mittel für gerechtfertigt, „das Ungeziefer zu vertilgen", auch wenn sie den Einsatz von Senfgas ausdrücklich dementieren. Die Meldung reißt den Vorhang aus Bequemlichkeit und Ratlosigkeit entzwei, mit dem die Welt den Krieg am Golf verhängt hat. Die Ölpreise hat er nicht in die Höhe getrieben, die arabischen Ölstaaten bisher nicht in die Revolution. Nur Menschen sind gestorben und verwundet - Hunderttausende, viele noch Kinder im Soldatenrock, zunächst getroffen von konventioneller Munition, jetzt offenbar auch on chemischen Geschossen.

Lösung 030

Vogel, Feder, Volksfest, vorsichtig, Vieh, färben, Frevel, darauf, von, Familie, Freude, davon, Geografie, vorne, fliegen, Telefon, vier, Larve, Fänger, Flamme, vorsehen, Ferkel, Bauernhof, verkraften, Vater, voll, Saft, greifen, Füllfeder, versehentlich

Verkehr, fertig, fort, Frieden, Frühstück, vom, viel, fressen, positiv, Paragraf, Finger, variieren, funken, helfen, brav, Nerv, für, gefallen, finden, Pulver, Erfüllung, Fahrzeug, Dorf, Vetter, flink, Flinte, vage, verhalten, frisch, Vektor

feiern, vergessen, Volk, völlig, Furcht, vor, vielleicht, fordern, Gustav, frei, verpassen, Ausführung, Veilchen, Fisch, Freund, fett, Fuchs, verdauen, fangen, Vase, verkaufen, Fantasie, Klavier, Fiedler, Universität, invalid, Sorgfalt, vorbei, Versammlung, Farbe

greifen, Feile, violett, froh, Luft, Verkauf, aufheben, vervielfältigen, Vanille, vernünftig, verschneit, Evangelium, einfach, auf, zufrieden, Brief, Villa, Vatikan, Vegetation, November, Hof, zaghaft, fürchterlich, Violine, Frau, Grafik, Advent, Gruft, freuen, Ventil

fröhlich, Reserve, Ferien, Venedig, frieren, servieren, Frucht, davor, November, verlaufen, Film, Vers, Fest, einverstanden, von, Viehmarkt, Vulkan, Telegraf, verkehrt, verjagen, schlafen, Konserve, Fotografie, aufnehmen, versprechen, füllen, verstehen, funken, Führung, Vernunft

Lösung 031

Das japanische Beispiel macht Schule: In Fernost haben die Hersteller von Mikroelektronik gezeigt, dass eine Zusammenarbeit mehrerer Unternehmen schnell zu verwertbaren Ergebnissen führt. Dank der Kooperationen gelang es den Japanern, die bisher in dieser Technologie weltweit führenden Amerikaner zumindest auf einigen Gebieten das Fürchten zu lehren.
Jetzt schlagen die Amerikaner zurück - und zwar mit den Waffen der Japaner. Drei große Anbieter haben soeben die gemeinsame Entwicklung von neuen Mikroprozessoren beschlossen - ausdrücklich als Antwort auf die japanische Herausforderung. Wenn schon die Großen kooperieren, dann bleiben für die Kleinen immer weniger Chancen. Zwar halten sich die deutschen Mikroelektronik-Hersteller viel auf ihre Aufholjagd zugute - im Rennen um die nächste Generation von integrierten Schaltungen droht aber Europa hoffnungslos zurückzufallen, wenn nicht auch in der Alten Welt bald zu einer Konzentration in Forschung und Entwicklung gefunden wird.

Lösung 032

Die Idee war von Anfang an kühn: Franzosen, Engländer und Deutsche hatten sich überlegt, gemeinsam ein großes Passagierflugzeug zu bauen - und sie taten es auch. Als am 28. Oktober 1972 der erste Flieger aufstieg und die Champagner-Korken knallten, schauten die großen Flugzeugbauer der westlichen Welt - es waren damals die amerikanischen Konzerne Boeing, Lockheed und McDonnell Douglas -allerdings nicht einmal hin. Die großen Drei beherrschten den Flugzeugmarkt weltweit und machten sich wegen des dickbauchigen Mittelstrecklers aus Europa keine Sorgen um ihre bis dahin florierenden Geschäfte. Dafür gab es auch keinen Grund: Die Europäer hatten in der Nachkriegszeit zwar einige gute Flugzeuge gebaut, etwa die Caravelle, die Trident oder den Überschallflieger Concorde, doch keines konnte die Vormacht der Amerikaner auch nur ankratzen. Das hat sich jedoch grundlegend geändert. Sechzehn Jahre nach dem ersten Flug des zweistrahligen Airbusses empfinden die amerikanischen Flugzeughersteller den Europaflieger als höchst lästigen Konkurrenten. Seinetwegen droht nun sogar ein Handelskonflikt zwischen den USA und dem alten Kontinent.

Lösung 033

Werkzeuge
Säge, Hammer, Schraube, Maßband, Nagel, Zwinge, Werkbank, Zange, Schraubenzieher, Schraubenschlüssel, Reißnägel

Garten
Beet, Wiese, Blumen, Rasen, Laub, Rasenmäher, Vogeltränke, Gemüsegarten, Heckenschere, Gartenschlauch

Tiere
Bär, Hase, Raupe, Schlange, Hund, Igel, Vogel, Ente, Katze, Maus, Papagei, Fisch

Auto
Reifen, Felgen, Airbag, Lenkrad, Auspuff, Blinker, Kotflügel, Antenne, Rückspiegel, Stoßstange, Schalthebel

Bauernhof
Kuh, Feld, Pferd, Dünger, Magd, Bauer, Schaf, Schwein, Traktor, Ferkel, Henne, Futtertrog

Pflanzen
Rose, Blume, Tanne, Strauch, Baum, Hecke, Palme, Gewächs, Busch, Laubbaum, Nadelbaum, Zierpflanze

Wetter

Wolke, Sturm, Blitz, Schnee, Regen, Tornado, Donner, Gewitter, Sonne, Hagel, Hurrikan, Regentropfen

Wald

Reh, Bäume, Käfer, Hirsch, Ast, Fuchs, Jäger, Specht, Pilze, Ameise, Zweig, Eichhörnchen

Kleidung

Hut, Hemd, Jacke, Strümpfe, Hose, Kleid, Schuhe, Anzug, Rock, Kappe, Socken, Blazer

Computer

Maus, Tastatur, Diskette, Programm, Spiele, Laufwerk, Netzwerk, Kabel, Brenner, Bildschirm, Lautsprecher

Lösung 034

Das unerreichbare Pferdchen

Im Wohnzimmer seines elterlichen Hauses saß ein kleiner, sehr hübscher Junge und schaute sehnsüchtig aus dem Fenster. Seine blonden Haare fielen ihm ganz wild in die Stirne. Eigentlich sollten seine Haare schon wieder geschnitten werden. Doch das Geld war knapp. So musste er sich damit abfinden, seine blonden Locken ständig aus dem Gesicht zu streichen.

Sepp, so war der Name des Buben, hatte mit seiner Mutter und seinen vier Geschwistern letzte Woche die nahe gelegene Stadt besucht. Ein Bus hatte sie dorthin gebracht. Dies kam nicht sehr oft vor, denn auch die Mutter musste gewöhnlich zur Arbeit. Dann war nur die Großmutter da, welche die Kinder umsorgte. Die Stadt beeindruckte Sepp sehr. Große Häuser und Straßen, sogar einige laut ratternde Autos sah man da. Autos waren zu dieser Zeit noch keine selbstverständliche Sache.

Da waren auch Geschäfte, in denen man alles Mögliche kaufen konnte. Eines fiel aber Sepp besonders auf. Es war ein Spielzeuggeschäft mit dem besonderen Namen „Puppendoktor". Magisch hatten ihn die dort in der Auslage ausgestellten Spielsachen angezogen. Aber von einem wunderschön bunt bemalten Pferdchen aus Metall konnte er seine Augen gar nicht mehr abwenden.
Wie magisch hielt ihn dieses besondere Spielzeug gefangen. Nur mit großer Mühe gelang es seiner Mutter ihn dazu zu bewegen, weiter zu gehen. Auch der Mutter gefiel das Pferdchen sehr gut. Sepp hatte es ihr natürlich gezeigt. Eine Sekunde hatte er auch gehofft, seine Mutter könnte ihm das Spielzeug vielleicht doch kaufen. Doch dann hatte er diesen Gedanken gleich wieder verworfen. Er dachte wieder an das Gespräch seiner Eltern am Morgen. Sein Vater hatte seine Mutter dringend aufgefordert, in der Stadt keine unüberlegten Ausgaben zu tätigen. Oft hörte er die Eltern über das Geld sprechen und manchmal wurden sie auch sehr laut dabei. Dabei hatten sie sich doch sehr lieb. Das wusste Sepp sehr genau. Oft hatte er schon seine Eltern dabei beobachtet, wie sie sich heimlich küssten, wenn sie dachten, es wäre niemand in der Nähe.
Seit diesem Tag in der Stadt aber konnte Sepp an nichts anderes mehr denken als an das wunderschöne Pferdchen. Es gaukelte ständig in seinem Kopf herum. Was hätte er dafür gegeben, es wenigstens nur in der Auslage betrachten zu können. Da hatte er eine Idee. Warum ging er eigentlich nicht alleine in die Stadt und besuchte das Pferdchen. Er wusste, wenn er seine Großmutter darum fragen würde, dass diese ihm dies nie erlauben würde. Aber eigentlich war er schon groß. Bald sollte er schon in die Schule kommen. Und da war man dann schon sehr groß, oder?
Da er und seine Geschwister oft sehr lange, ohne dass sich jemand um sie kümmerte im Garten spielen durften, nützte Sepp die nächste Gelegenheit. Schnell rannte er die Straße entlang, von der er wusste, dass sie in die Straße mündete, welche direkt in die Stadt führte. Bald

erreichte er diese auch und schnellen Schrittes ging er zielstrebig weiter. Der Weg war zu Fuß sehr weit, weiter als er diesen in Erinnerung gehabt hatte. Mit dem Bus war ihm der Weg natürlich nicht so lange vorgekommen. Er begegnete auch einigen Menschen, die ihn irgendwie verwundert anschauten. Wahrscheinlich konnten sie sich nicht erklären, dass ein so kleiner Bursche alleine unterwegs war.

Als er aber schließlich beim Spielzeuggeschäft angekommen war, merkte er gar nicht mehr, wie müde er war. Gleich hatte er das Pferdchen erblickt und war so glücklich, dass es noch in der Auslage stand. Er hatte gefürchtet, es könnte schon verkauft worden sein. So stand er nun da und drückte seine Nase ganz fest auf die Scheibe, um noch näher beim Pferdchen zu sein. Er stellte sich vor, wie er mit dem Pferdchen spielen würde und welche Abenteuer sie zusammen erleben würden. Plötzlich wurde er aus seinen Gedanken gerissen. Er hörte das Hupen des Busses, welcher seine Mutter und seine Geschwister letztens in die Stadt und wieder nachhause gebracht hatte.

Jetzt wurde ihm klar, dass er schnellstens den Heimweg antreten musste. So verabschiedete er sich von „seinem" Pferdchen und versprach ihm wiederzukommen.

Obwohl er sehr müde war, lief er so schnell er konnte nachhause. Gelegentlich dachte er an den Wirbel, den es geben würde, wenn herauskäme, wo er am Nachmittag war. Doch hauptsächlich hatte er seine Gedanken noch immer bei seinem Pferdchen.

Zuhause angekommen, war es zum Glück der Großmutter nicht aufgefallen, dass er über einen längeren Zeitraum nicht hier gewesen war. Seine Geschwister waren auch gar nicht daran interessiert, ihn zu verraten.

So besuchte er noch oft sein Pferdchen und erlebte mit ihm tolle Abenteuer. Eines Tages aber war das Pferdchen nicht mehr da. Weihnachten rückte näher. Bekommen aber hat er das Pferdchen nie.

Auch nicht zu Weihnachten, wie er immer wieder im Stillen gehofft hatte. Auf seinem Wunschzettel war außer dem Pferdchen gar nichts aufgezeichnet gewesen. Schreiben konnte er ja nicht. Es hatte auch nichts genützt, dass er sogar die Auslage des Spielzeuggeschäftes mit aufgezeichnet hatte. Er hoffte, das Christkind könnte so sein Pferdchen leichter finden. Er hatte nicht viele Spielsachen, doch hätte er alle für dieses Pferdchen gerne eingetauscht.

Enttäuscht fragte er seine Mutter, ob er denn nicht brav genug gewesen sei, weil das Christkind ihn anscheinend vergessen hatte. Diese erklärte ihm aber, dass das Christkind die Spielsachen, welche es den Kindern bringt, auch kaufen muss. Da wurde ihm klar, warum es nicht geklappt hatte. In diesem Jahr waren seine Eltern froh, dass sie zu den Festtagen den Kindern genug zu essen geben konnten.

Das Pferdchen hatte er aber nie wieder vergessen können. Noch seiner Tochter erzählte er von den Abenteuern, die er mit seinem Pferdchen erlebt hatte. Sie konnte sich aber gar nicht vorstellen, dass man sich ein Spielzeug so sehnlichst wünschen könnte, denn sie lebte in großem Wohlstand. Erst als sie erwachsen geworden war, hat sie ihren Vater verstanden.

Lösung 035

Totale Sprechfreiheit oder globale Kontrolle?
Telefon am Handgelenk

Neue Nachrichtensatelliten machen einen weltweiten Telefon-Direktverkehr möglich

Ein Mini-Telefon am Handgelenk, das wie eine Armbanduhr getragen wird, hätte viele Vorteile: Bei Raubüberfällen, Autounfällen, Herzattacken und anderen Gelegenheiten, bei denen es auf schnellste Hilfe ankommt, könnte sofort Verbindung mit der Polizei, mit Ärzten oder mit der eigenen Familie aufgenommen werden. Eine verlockende Idee, doch läuft hier nicht die Fantasie der Realität davon?

Nicht ganz. Schon gibt es Untersuchungen, die beweisen, dass ein solches Gerät durchaus realisierbar ist. Zwei amerikanische Forscher - Bekeney und Mayer - veröffentlichten vor einiger Zeit in der angesehenen amerikanischen Fachzeitschrift Astronautics & Aeronautics unter dem Titel „1980 - 2000: Raising our Sights for Advanced Space Systems" (etwa „Ausblick auf fortschrittliche Weltraum-Systeme") eine Analyse, in der ein solches Armbandtelefon genau beschrieben wird.

Bekeney und Mayer gehen von einem sendestarken Satelliten aus, der eine Parabolantenne von immerhin 70 Meter Durchmesser und eine Sendeleistung von 21 Kilowatt hat. Eine besondere Antennentechnik, eine sogenannte Mikrowellenlinse, sorgt dafür, dass der Satellit Signale in 25 Ballungsgebiete innerhalb der Vereinigten Staaten übertragen kann. Diese Versorgungsgebiete sollen Durchmesser von rund 80 Kilometer haben. Für jedes Ballungsgebiet sind 1000 Frequenzkanäle vorgesehen, wobei jeder dieser Kanäle von 100 Teilnehmern gleichzeitig benutzt werden könnte. Insgesamt wäre ein Satellit also in der Lage, 2,5 Millionen Teilnehmer miteinander zu verbinden.

Jeder dieser Teilnehmer soll ein Armbandtelefon als „Bodenstation" tragen, welches aus einem Sender-Empfänger, einer Wahltastatur, dem sonstigen Zubehör eines Telefongerätes und aus einer winzigen Antenne besteht. Das Gerät wäre etwas größer als die heutigen Quarz-Armbanduhren und könnte daher vom Teilnehmer ständig getragen und benutzt werden. Nach Berechnung der beiden Forscher müsste das Armbandtelefon das Signal mit nur 25 Milliwatt Sendeleistung abstrahlen. Die Armbandtelefone selbst, in integrierter

Schaltkreistechnik aufgebaut, sollen nach Angabe von Bekeney und Mayer in der Massenproduktion nur etwa zehn Dollar pro Stück kosten. Das Entwicklungsrisiko gilt dabei als sehr gering; die Kosten für Entwicklung, Fertigung und Start des benötigten Satelliten schätzen die beiden Experten auf 300 Millionen Dollar. Sie glauben sogar schon heute, dass ein Ausbau des Systems auf zum Beispiel 1000 Antennenkeulen und 100 Millionen Teilnehmer möglich ist: 100 Millionen Menschen mit Armbandtelefonen könnten in absehbarer Zukunft jederzeit miteinander telefonieren.

Als sei diese Möglichkeit nicht fantastisch genug, eröffnet ein solches Armbandtelefon mit seiner Schaltung über Nachrichtensatelliten noch weitergehende Perspektiven. Mit der scharfen Bündelungsfähigkeit der großen Antennen ließen sich zwei fächerförmige Strahlen erzeugen, von denen der eine in Nord-Süd- und der andere in Ost-West-Richtung schwenkbar wäre, so dass mit Hilfe bestimmter Impulse sogar der Standort eines Armbandtelefon-Trägers bis auf 100 Meter genau bestimmt werden könnte.

Damit entstehen jedoch Möglichkeiten, die erschreckend sind. Nicht nur, dass Angehörige aller möglichen mobilen Dienste - etwa Polizei, Post, Bahn, Schiff- und Luftfahrt, Speditionen - jederzeit und überall ihre eigene Position genau an eine Zentrale melden könnten. Dies ist ja, wenn auch in bescheidenerem Maße und lokal begrenzt, vereinzelt heute schon möglich. Neu wäre aber die Möglichkeit, auch Güterwagen, ja selbst Koffer oder Pakete mit einigen extrem billigen Mini-Sendern auszurüsten, so dass von einer Zentrale aus, computergesteuert, jederzeit eine genaue Kontrolle des in Umlauf befindlichen Materials möglich wäre.

Das aber hat nicht nur erfreuliche Seiten. Denn mit der neuen Technik eröffnet sich zumindest theoretisch die Möglichkeit einer geradezu absoluten Kontrolle, wie sie selbst George Orwell nicht bedrückender hätte erfinden können. Menschen und Güter als winzige elektrische Ladungen in riesigen Computer-Terminals: Die Welt als elektronisch kontrollierter Verschiebebahnhof?

Damit nicht genug. Die Satelliten, die einmal das Telefon am Handgelenk ermöglichen sollen, benötigen Dutzende von Kilowatt elektrischer Energie, die sich im Weltraum am besten mit Kernkraft gewinnen lassen. Zur hundertprozentigen Kontrolle durch Satelliten käme also unter Umständen noch die Gefährdung durch radioaktives Material über unseren Häuptern. Dafür - so die Experten - würde dann das Telefon am Handgelenk selbst solch exotische Dinge wie einen sogenannten Abstimmungs-Signalgeber ermöglichen.

Schon haben Fachleute errechnet, was ein solcher Signalgeber leisten könnte: Bei Wahlen und Volksabstimmungen würde jeder Wahlberechtigte seine Stimme über Satelliten der Wahlzentrale melden. Das genaue Wahlergebnis eines 100-Millionen-Volkes könnte damit dann angeblich innerhalb von einer Stunde vorliegen.

Vermutlich werden es jedoch nicht abstimmungswillige Bürger oder harmlose Geschäftsleute sein, die als erste die Direktruftechnik via Satellit nützen. Schon wurde, wie das amerikanische Nachrichtenmagazin Newsweek jetzt meldet, eine Art primitives Handgelenktelefon von einem sowjetischen Spion in der persischen Hauptstadt Teheran eingesetzt: Der Spitzel erhielt seine Anweisungen direkt aus der Sowjetunion - via Satellit und über einen Empfänger, der aussah wie ein elektronischer Taschenrechner.

330 Wörter Kernwortschatz

Abend der
manchmal
also
mit
Anfang der
morgen
arbeiten
nach
auf
neben
aber
Mann der
alt
möglich
Angst die
Mühe die
Arbeiter der
Nacht die
auch
nehmen
allein
Schilling der
an
Monat der
Antwort die
Musik die
Arzt der
Name der
bei
nein
darüber
scheinen
der
Schluss der
doch
schreiben
dürfen

als
Mensch der
andere
Morgen der
Arbeit die
Mutter die
auch
Nase die
beide
neu
Beispiel das
nicht
Bild das
nun
Boden der
oder
Bruder der
paar
danken
Preis der
besonders
nichts
bitten
nur
brauchen
oft
da
Groschen der
dann
rechts
Ende das
September der
erzählen
so
etwas
sollen
Fenster das

Besuch der
neu
nie
ob
Brief der
ohne
dabei
Platz der
daran
richtig
Bett das
noch
Blume die
oben
bringen
Ordnung die
damals
plötzlich
darauf
ruhig
darin
Sache die
denn
schließlich
dies
schön
durch
Schwester die
einfach
sein
sie
erste
etwa
Soldat der
fehlen
Sonne die
fest

330 Wörter Kernwortschatz

See der
einige
seit
darum
Schiff das
Deutsch
schnell
dort
Schule die
eigene
sehen
einmal
Seite die
denken
schlecht
Dezember der
schon
du
schwer
eigentlich
sehr
Eltern die
selber
Freund der
stellen
ganz
Tag der
Gefahr die
Tisch der
Geld das
trinken
gern
über
früh
Straße die
gar
tausend

sonst
Feuer das
sprechen
er
sich
essen
sitzen
fallen
Sommer der
fertig
spät
finden
Staat der
Ernst der
sicher
es
Sohn der
fast
sondern
Licht das
Spiel das
fragen
Stadt die
gesund
um
groß
Vater der
halb
vielleicht
Haus das
von
Herz das
wahr
gewinnen
und
gut
vergessen

spielen
Frau die
stark
frei
stehen
führen
Stück das
Garten der
Teil der
gegen
tot
genug
tun
freuen
(sich)
vier
für
Stunde die
geben
Tier das
gehen
gerade
Tür die
Himmel der
warten
stören
hören
weg
in
weit
jeder
wenn
Bub der
hin
was
hundert
wegen

330 Wörter Kernwortschatz

gefallen
Tochter die
genau
trotzdem
Geschäft das
überall
gestern
Uhr die
Grenze die
unten
haben
viel
handeln
vom
heraus
Wagen der
hoch
Weg der
ihr
weiß
Jahr das
wenig
jung
Wetter das
kein
wirklich
lassen
ziehen
laut
zu
leben
Zug der
leicht
zusammen
leiden
zwischen

halten
Volk das
heißen
vor
heute
während
Glück das
uns
Grund der
verlieren
Hand die
voll
helfen
vorher
hier
wann
lang
Zeitung die
laufen
Zimmer das
Leben das
zuerst
legen
zurück
Lied das
zwar
Kind das
wissen
klein
Woche die
Kopf der
wohl
krank
Zahl die
Land das
Zeit die

immer
welche
jemand
wer
Juni der
wieder
hinter
Wasser das
ich
weil
ja
Welt die
jetzt
werden
kalt
wir
kennen
Wissen das
klar
wo
können
Wohnung die
Kosten die
Wort das
lachen
zehn
lernen
manch
lesen
Mädchen das
letzter
machen
Leute die
Luft die
lieben
wider

680 Wörter Grundwortschatz

abends	ähnlich	Art die	Zweig der
Mantel der	März der	Milch die	Hilfe die
alt	allgemein	August der	hinein
Maschine die	Mauer die	Mittag der	Juli der
Alter das	ändern	Auto das	Hof der
Meer das	meine	Mittwoch der	jene
anders	ansehen	Bahn die	hoffentlich
Meinung die	Menge die	mögen	Holz das
antworten	April der	Bank die	irgend
merken	Metall das	Montag der	Hose die

ach	Arm der	Aufgabe die	inzwischen
Marke die	Meter der/ das	mindestens	Hund der
alle	Auge das	Ausbildung die	Interesse das
Maß das	Minute die	mittags	Hunger der
an	außer	backen	hängen
Mehl das	Mitte die	Möbel das	zeigen
anfangen	Bad das	Bahnhof der	Ziel das
meist	möchte	Möglichkeit die	Heimat die
anziehen	bald	Bau der	Zukunft die
messen	Moment der	Motor der	Hemd das

acht	arm	bauen	Lampe die
Markt der	mich	müde	wünschen
allerdings	Augenblick der	bedeuten	Hafen der
Material das	mir	Mut der	Zeichen
Amt das	außerhalb	behandeln	das
mehr	Mittel das	nächste	häufig
angenehm	baden	beobachten	Zettel der
Meister der	modern	nämlich	heben
Apfel der	Ball der	Berg der	Zucker der
Messer das	Mond der	nennen	Heizung die

680 Wörter Grundwortschatz

Bauer der	beschäftigen	kämmen	zwanzig
Mund der	niemand	Not die	Herbst der
bedeuten	Karte die	Katze die	interessant
Nachbar	November der	obwohl	Hut der
beim	kaufen	Kino das	Insel die
nah	offen	Onkel der	ihm
bequem	Kirche die	Kleid das	ihn
nass	ordentlich	Paar das	im
Bericht der	klug	kochen	Industrie die
nett	Paket das	Partei die	innen

Baum der	Kaffee der	Koffer der	Druck der
muss	nirgends	passen	Dusche die
begegnen	Kartoffel die	Kraft die	gelb
nachher	nützlich	Pferd das	Wein der
bekannt	kaum	kriegen	Gemüse das
Nähe die	Ohr das	Platz der	gleich
bereit	Klasse die	Künstler der	wohnen
Natur die	Ort der	praktisch	Grad der
berichten	Knie das	Landwirtschaft die	Wind der
nieder	Papier das	Prüfung die	gießen

Beamte der	Kamm der	kommen	gehören
müssen	Norden der	Pause die	weich
beginnen	Kasse die	Krankheit die	gelten
Nachmittag der	Obst das	pflanzen	werfen
bekommen	Kilometer der	Küche die	Geschichte die
nähen	Oktober der	Polizei die	herein
bereits	kleben	kurz	Zweck der
natürlich	Osten der	Problem das	herum
Beruf der	Knochen der	Lärm der	Jacke die
niemals	Park der	Punkt der	holen

680 Wörter Grundwortschatz

bestimmt	Blut das	daneben	Gegend die
Ring der	schief	schützen	wechseln
bewegen	breit	dauern	Gelegenheit die
rufen	Schloss das	Schwierigkeit die	weinen
bilden	Brücke die	denen	Gericht das
Salz das	schmutzig	selbstverständlich	Gespräch das
bisher	Butter die	deutlich	Westen der
sauer	Schrift die	Sicherheit die	glatt
blau	dahin	Dienst der	Winter der
Schatten der	Schüler der	sofort	Gold das

bloß	böse	Dank der	Wunsch der
Schere die	schlafen	schwach	Haar das
braun	brennen	davon	zählen
schlagen	Schlüssel der	schwimmen	hart
Brille die	Brust die	derselbe	Zeit die
schmecken	Schnee der	selten	Haut die
Buch das	Dach das	dich	ziemlich
scheiden	Schuh der	sieben	heiß
dafür	damit	Dienstag der	zuletzt
Schuld die	Schülerin die	sogar	herauf

blühen	danach	daraus	fremd
schicken	Schüssel die	schwarz	völlig
brechen	darunter	dazu	frisch
schlimm	schwierig	sechs	vorn
Brot das	dein	deshalb	fünf
Schmerz der	setzen	Silber das	wachsen
Bus der	dessen	dicht	Gebäude das
dagegen	dick	Ding das	wahrscheinlich
schuldig	singen	Sonntag der	gefährlich

680 Wörter Grundwortschatz

Körper der	leise	beste	Werk das
Person die	Rad das	retten	Gesicht das
Kreis der	Linie die	besuchen	Glas das
pflegen	rechnen	Rock der	wiegen
Kuchen der	Löffel der	beweisen	glücklich
Polizist der	Regal das	Ruhe die	Wolke die
Lage die	Lust die	billig	Gras das
Programm das	reich	sammeln	Herr der
Laut der	mal	bisschen	ist
pünktlich	reisen	Schaden der	wollen
kosten	lieb	bestehen	zwei
persönlich	Rat der	Richtung die	herunter
Krieg der	links	Bevölkerung die	zwölf
Pflicht die	Rechnung die	roh	hinaus
Kunst die	Lohn der	bezahlen	Hitze die
Post die	Regen der	rund	Jugend die
Lampe die	lustig	Birne die	hoffen
Prozent das	Reihe die	Satz der	Jänner der
leer	man	bitter	hohe
putzen	reiten	schaffen	Gruppe die
Lehrer der	Liebe die	bestimmen	freundlich
quer	raten	riechen	vorbei
liegen	Liter das/der	bevor	Frühling der
Raum der	Recht das	Rücken der	Vorteil der
Loch das	Los das	bieten	fürchten
reden	Regierung die	sagen	wählen
lügen	Macht die	bis	Geburtstag der
regnen	rein	sauber	Wand die
Mai der	besser	Blatt das	Gefühl das
Reise die	Rest der	scharf	waschen

680 Wörter Grundwortschatz

dir	Donnerstag der	ein	warm
sorgen (sich)	Spaß der	Strom der	Wolle die
doppelt	drehen	Eisen das	grau
Spiegel der	springen	stürzen	Wurst die
drei	drücken	eng	Hals der
steigen	sterben	täglich	zeichnen
dumm	eben	entweder	Hauptsache die
Stern der	Stimme die	Tasche die	Zeugnis das
ebenso	ehe	Erinnerung die	Heft das
stimmen	Strafe die	Tee der	zufrieden

direkt	Ei das	eins	hell
sowie	Streit der	Strumpf der	zahlen
Dorf das	einzeln	Eisenbahn die	feststellen
Sport der	Stuhl der	suchen	Unfall der
drinnen	empfangen	entfernt	Firma die
Stein der	Suppe die	Tal das	unterhalten
dunkel	entgegen	Erde die	Fleisch das
stets	Tante die	Tasse die	Verbindung die
Ecke die	Erfolg der	erklären	Fluss der
Stoff der	Tat die	teilen	verlangen

Doktor der	Eigentum das	Erlaubnis die	versuchen
sparen	streiten	Telefon das	Frage die
draußen	einzig	euch	Geheimnis das
Sprache die	Sturm der	Theater das	wecken
drüben	endlich	Fahrrad das	gelingen
Stempel der	süß	traurig	wenden
dünn	entscheiden	Familie die	geschehen
still	tanzen	treu	gewiss
Ehe die	erinnern	feiern	wichtig
stoßen	tatsächlich	turnen	glauben

680 Wörter Grundwortschatz

ernst (sein)
Teller der
Fabrik die
tief
Fahrt die
treffen
Farbe die
trocken
fein
üben

Ferien die
übrigens
Film der
Unglück das
flach
Urlaub der
fliegen
verkaufen
Form die
verschieden

fett
ungefähr
Fisch der
Unterricht der
fleißig
verdienen
folgen
verletzen
Fräulein das
vier

Gott der
wirken
Freude die
voraus
froh
Vorsicht die
furchtbar
Wahl die
geboren
Wald der

erreichen
Teppich der
fahren
Tod der
Fall der
Treppe die
Februar der
trotz
Feind der
überhaupt
Feld das

Fernsehen das
unbedingt
Finger der
unter
Flasche die
verbinden
Flugzeug das
Verkehr der
fort
verstehen
übrig

Freitag der
Vogel der
Frieden der
vorige
fühlen
Waage die
Fuß der
Wahrheit die
Gedanken der
Ware die

warum
Gefängnis das
Erziehung die
teuer
Fahrer der
Topf der
falsch
treten
Fehler der
Tuch das

120 häufige Fehlerwörter

dass
dem
einen
einem
denn
das
kam, kamen
den
ihm
Sie (Anrede)
zu + Infinitiv: zu essen usw.
zu Hause
dann
war, waren, wäre, wären
vielleicht
ein bisschen
nicht, nichts
fiel, fielen
mit + Verb: mitbringen usw.
meist, meistens, die meisten
ihn
lass, lasst, lässt
Angst
hast, hatte, hätte usw.
heran-, herein-, heraus- +Verb:
herauskommen usw.
seinem
auf einmal
meinem
Mal, Male
kriegen, kriegt, gekriegt usw.
plötzlich

nächste, nächsten
wollte, wollten
muss, musste, mussten
widersprechen, erwidern
zurück + Verb: zurückgeben usw.
abends
ver- (als Vorsilbe)
ent- (als Vorsilbe)
kaputt
herein, heran, heraus
Morgen
irgendwo, irgendwie, irgendwas
selbständig / auch selbstständig
Ihr, Ihre (Anrede)
ließ, ließen
viel, viele
wusste, wussten, wüssten
las, lasen
weiß, weißt
interessant, interessieren, Interesse
ganz
erschrak, erschraken
gucken, guckte usw.
können, konnte, könnte
kommt, kommst, gekommen
im
wieder
außen, außer, außerdem
essen
passieren, passiert
müssen
Fahrrad, Fahrräder

120 häufige Fehlerwörter

größter, größte
nahm, nahmen
spazieren, spaziert
Große, die Großen
sie
wenn
und
da
Tag, Tages
Abend
Zeit
man
spielst, spielt
Spaß
morgen
ziemlich
alle, alles
endlich
ihrem
kann, kannst
sagt, sagte
Essen
meinen
seinen
bekam, bekamen
das Böse, der Böse, Böses
soll, sollst
die beiden
Idee

dunkel + Adjektiv: dunkelblau
ging
Weihnachten
liest
rannte, rannten
keinen
stellen, stellte, gestellt
diesem
einmal
erzählen, erzählt, erzählte
Gute, Gutes
Weile
Leben
hinaus-, hinauf-, hinein-
+ Verb: hinaufgehen
sah, sahen
Schluss
ich
Lehrer, Lehrerin
wir
wird
siehst, sieht
hier
nimmst, nimmt
zu Ende
hinterher
Ende
draußen

Wichtige Adressen:

EÖDL Erster Österreichischer Dachverband Legasthenie
Austrian Dyslexia Association
Feldmarschall Conrad Platz 7
A-9020 Klagenfurt
Tel/Fax 0043 463 55660
http://www.legasthenie.at
office@legasthenie.at

KLL Kärntner Landesverband Legasthenie
Feldmarschall Conrad Platz 7
A-9020 Klagenfurt
Tel/Fax 0043 463 55660
http://www.legasthenie.com
office@legasthenie.com

Diplomierte Legasthenietrainer des EÖDL finden Sie unter:
http://www.Legasthenietrainer.com

Weitere Bücher und Materialien finden Sie im Legasthenie Onlineshop unter:
http://www.legasthenie.com/shop/